Pétition ou Mémoire

SUR

UN PROJET DE NAVIGATION

POUR L'ÉTABLISSEMENT

DES TRANSPORTS ACCÉLÉRÉS

De Marseille à Châlons-sur-Saône,

PRÉSENTÉE

PAR AIMÉ BOURBON,

ANCIEN CAPITAINE,
INSPECTEUR GÉNÉRAL DES HALAGES HYDRAULIQUES ACCÉLÉRÉS
PROJETÉS SUR LE RHÔNE.

PARIS,

IMPRIMERIE DE DECOURCHANT,

RUE D'ERFURTH, N° 1, PRÈS DE L'ABBAYE.

1834

PÉTITION OU MÉMOIRE

SUR

UN PROJET DE NAVIGATION,

POUR LE SERVICE DES TRANSPORTS ACCÉLÉRÉS

DE

MARSEILLE A CHALONS-SUR-SAONE;

présentée

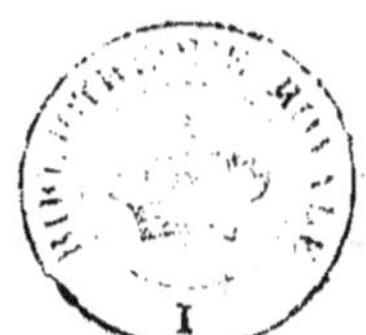

PAR AIMÉ BOURBON, DE LYON,

Ancien capitaine, auteur d'un nouveau système hydraulique de remorqueurs à écluses mobiles, agissant par points fixes et par relais ;

BREVETÉ POUR INVENTION ET PERFECTIONNEMENT.

A cette grande époque où le commerce et l'industrie française obtiennent tous les jours de si heureux résultats, on conçoit que, pour faciliter encore leur développement, il importe d'établir de promptes communications entre les principales villes du royaume, et spécialement entre Paris, Lyon et Marseille.

Aussi, cette longue ligne paroît-elle avoir particulièrement fixé l'attention du Gouvernement, et notamment celle de M. le Ministre du commerce et des travaux publics. Mais si, d'une part, les besoins du commerce en général, réclament l'établissement des chemins de fer, d'une autre part, le perfectionnement de la navigation intérieure n'est pas moins indispensable à la prospérité de l'industrie et de l'agriculture.

Et d'ailleurs, les intérêts généraux et privés imposent à toutes améliorations possibles des conditions rigoureuses, principalement celle de l'économie.

Il faut donc reconnoître, tout d'abord, que les chemins de fer ne sauroient être mis avantageusement en usage en tous lieux, et qu'ils peuvent être plutôt nuisibles qu'utiles dans certaines contrées.

Le danger existeroit principalement sur la ligne parallèle à la navigation du Rhône et de la Saône, tandis que l'avantage seroit, au contraire, immense, si on limitoit le chemin de fer de Paris à Châlons, et si, à partir de cette dernière ville jusqu'à Marseille, on adoptoit le projet que j'ai l'honneur de proposer.

Ce projet consiste dans un nouveau système de halage hydraulique, qui emprunte sa force motrice au courant même qu'il doit vaincre, et qui est destiné surtout à la navigation ascendante et descendante du Rhône, projet qui offre de remplir, sur ce parcours, bien plus complètement qu'un chemin de fer, toutes les conditions requises pour les voies de transport, et qui, par les prodiges de l'économie, féconderoit tout à la fois l'industrie et l'agriculture des dix départemens riverains du Rhône et de la Saône.

Aucun autre système ne peut mieux entrer dans les vues du Gouvernement, plusieurs fois manifestées par l'organe d'un ministre sur l'impartialité avec laquelle l'administration veut accueillir les projets qui seront les plus utiles dans l'intérêt général de la prospérité publique.

Je commencerai par développer le projet de navigation dont il s'agit, en le comparant aussi à l'état actuel de la navigation, et je passerai à la question du chemin de fer projeté sur la même ligne, afin de signaler les graves conséquences qu'entraîneroit son exécution.

EXPOSÉ DU PROJET.

En 1830, le système des *remorqueurs hydrauliques par points fixes et par relais*, fut livré à des épreuves dont le résultat ne laissa rien à désirer. Une société s'est formée pour son exploitation; les mouvemens politiques ont retardé les mesures d'exécution.

En 1832, les Chambres législatives, voulant encourager l'établissement des chemins de fer, allouèrent une somme de 500,000 francs pour les explorations nécessaires dans ce but sur toutes les grandes lignes de communication, et spécialement de Paris à Marseille. Cette seule mesure arrêta toutes les opérations du nouveau système de navigation.

Il faut annoncer dès à présent, en un mot, pour le démontrer complètement plus tard, que ce chemin de fer entraîneroit la ruine de toute la navigation du Rhône, de la Saône et de leurs affluens, et que dès-lors la sagesse du Gouvernement est appelée à faire une option indispensable et immédiate entre les deux modes d'amélioration proposés pour toute la ligne de Châlons à Marseille.

C'est dans ces vues que je viens justifier mon projet de navigation par le halage hydraulique, et, sans contester l'utilité générale des chemins de fer, exposer tout à la fois et les immenses dangers de celui qu'on propose d'établir de Marseille à Châlons, et les avantages considérables de celui qui se borneroit à parcourir la distance de Paris à Châlons-sur-Saône, pour se lier à cette nouvelle navigation.

Il ne m'étoit pas permis de garder plus long-temps le silence sur ce point important.

En effet, les villes, bourgs et villages riverains du Rhône et de la Saône ont jeté un cri d'alarme à l'apparition des ingénieurs chargés des études d'un chemin de fer sur cette ligne; et ils ont adressé de nombreuses pétitions pour en obtenir le rejet.

Ce n'est pas encore le moment de vérifier les motifs de leurs plaintes. Je ne les énonce d'abord que comme un fait. Avec la même réserve aussi, je rappelle comme simple observation préliminaire, que les mêmes populations réclament avec instance l'application du halage hydraulique à la navigation ascendante du Rhône.

Une seule pensée domine ici toutes les autres impressions; c'est que l'autorité doit vouloir la prospérité des intérêts généraux qui se rattachent aux localités, et non la ruine de l'industrie, et la perte du travail qui alimente les classes laborieuses : pensée devenue plus impérieuse encore dans l'intérêt de la seconde ville du royaume depuis ses derniers désastres. Déjà cette malheureuse ville a reçu d'assez graves blessures dans sa belle industrie, sans qu'un chemin de fer vienne encore anéantir son grand commerce de transit, qui, par la navigation, procure tant de travaux à sa nombreuse population.

Il est vrai que plusieurs procédés à vapeur et hydrauliques ont été successivement tentés sur ce fleuve pour la remorque des bateaux, et que les expériences qu'on a faites à cet égard n'ont servi qu'à démontrer l'insuffisance des moyens employés jusqu'alors : l'extrême rapidité de ce fleuve, les diverses circonstances de son cours, faisoient regarder comme insoluble le problème de la navigation ascendante par tout autre moyen que celui des chevaux, et les différens systèmes qu'il vit successivement échouer sembloient en effet donner à ce jugement une apparence de vérité; mais les heureux résultats des rigoureuses expériences auxquelles ce nouveau système de halage hydraulique a été soumis, ont complètement démontré que toutes ces difficultés ont disparu.

Ces différens résultats, qui n'avoient pu être atteints que séparément et partiellement, sont enfin tous obtenus par le nouveau mode de navigation, et avec de grands avantages pour l'entreprise chargée de son exploitation.

Ce nouveau système hydraulique se compose de trois parties distinctes, savoir :

1° Des remorqueurs à écluses mobiles, agissant par points fixes et par relais;

2° Des bateaux mécaniques, nommés *technénautiques*, qui, principalement destinés à la navigation descendante, doivent encore suppléer, dans certaines circonstances, aux remorqueurs hydrauliques, comme il sera expliqué ci-après;

3° Des gabarres ou bateaux-poste pontés, simplement chargés du transport des marchandises, tant pour la remonte que pour la descente, et qui forment le complément du système.

Les procédés de ce mécanisme sont tellement simplifiés qu'il est permis d'en présenter ici la description, qui ne doit pas être aussi complète que lorsqu'il s'est agi d'obtenir le brevet d'invention.

DU REMORQUEUR HYDRAULIQUE

A ÉCLUSES MOBILES PAR POINTS FIXES ET PAR RELAIS.

Il se compose d'abord de quatre bateaux construits dans une forme toute particulière et amarrés près du rivage.

Deux de ces bateaux, parallèlement placés, mais à une distance de 5 mètres 66 cent., entrent dans la composition de l'appareil mécanique, et le supportent.

Les deux autres, appelés *flotteurs*, sont adaptés par de fortes charnières aux antennes des deux premiers, et conservent du reste le mouvement nécessaire pour former l'écluse mobile.

Au milieu, et vers le centre du remorqueur, se trouve un fond artificiel que supportent deux fortes traverses, qui sont elles-mêmes fixées à chaque bout sur les deux bateaux par des pivots destinés au jeu de l'écluse, qui s'ouvre et se ferme à volonté, ou tout-à-fait, ou graduellement, au moyen de deux traverses qui fonctionnent l'une sur l'autre en forme de croix de Saint-André, chacune montée d'un cric à lanterne agissant sur leurs crémaillères.

L'ouverture de l'écluse est de 10 à 11 mètres; mais, quand elle est fermée, les deux flotteurs ont la forme d'un seul et même bateau.

Ainsi les flotteurs sont comme deux digues qui resserrent le flot sur le fond artificiel; leurs parois inférieures sont garnies de vannes qui se baissent ou s'élèvent pour encaisser le courant, de manière à l'augmenter ou à le diminuer suivant le besoin de la force motrice.

Le fond artificiel de l'écluse présente un plan incliné vers le remorqueur, et vient se poser sur le fond artificiel d'un coursier établi entre les deux bateaux de l'appareil mécanique.

Le courant arrive ainsi à sa destination dans l'appareil du remorqueur.

Maintenant il faut faire connoître les parties constitutives de ce mécanisme.

Il se compose d'abord d'une roue hydraulique qui lui transmet la puissance qu'elle reçoit elle-même du courant. Ses aubes sont courbes pour mieux subir la force motrice, et se dégager aussi plus facilement du fluide.

A l'une des extrémités de son arbre, qui est en fer, une roue en fonte, et dentée, et un manchon à ellipse, se trouvent montés pour former, à l'aide d'une barre à ressort, le jeu d'engrenage et de dégrenage, du mécanisme le plus simple, et en même temps (s'il faut nous servir des termes du procès-verbal) le plus ingénieux.

Le mouvement en est tellement doux et précis, qu'un enfant peut, en trois secondes, mettre en mouvement ou arrêter l'action du remorquage sans aucune secousse et sans aucun danger.

La roue dentée a 2 mètres de diamètre; elle communique son mouvement à un pignon qui engrène avec elle.

Sur l'arbre du pignon est placé un tambour à gorges de 2 mètres de diamètre sur un point, et 1 mètre 55 centimètres sur l'autre. Il fait deux tours pendant que la roue hydraulique en fait un. C'est sur ce tambour que la corde de remorque se roule, pour se dérouler en même temps, au moyen d'un second tambour de direction, à mesure que le halage s'opère; en telle sorte que la même corde se trouve prête à prendre de nouveaux bateaux de charge aussitôt après l'arrivage du relais.

Trois hommes suffisent pour toutes les manœuvres d'un remorqueur, qui occupe en totalité un espace de 10 mètres 55 centimètres en largeur, sur 35 mètres en longueur, y compris l'écluse.

Toutes les assertions qui précèdent ne reposent pas seulement sur les calculs théoriques; mais elles sont le résultat des épreuves successivement faites sur le Rhône et sur la Garonne.

Les commissions d'expertise sur le Rhône étoient composées de MM. Favier, ingénieur en chef des ponts-et-chaussées (aujourd'hui inspecteur divisionnaire); le docteur Terme, membre de l'Académie des sciences de Lyon; Million, capitaine du génie; Marinet et Rolland de Ravel, ingénieurs ordinaires des ponts-et-chaussées.

Les procès-verbaux et rapports de cette commission ont été tous imprimés, et sont produits à l'appui de la présente pétition.

En voici l'analyse :

Par une convention spéciale je m'étois engagé à remonter deux bateaux à la fois avec une charge de 1000 quintaux métriques, ou 100 tonneaux de marchandises quelconques, sur les courans les plus difficiles, en promettant aussi une marche ascendante de 2,200 mètres à l'heure.

Or, dans la première expérience, la charge étoit de 120 tonneaux, dans la seconde 187, et dans la troisième 175; c'est-à-dire 20, 87 et 75 tonneaux de plus que je n'avois promis, ce qui donne une charge moyenne de 156 tonneaux comme résultat.

Quant à la vitesse, elle a été de 2,556 mètres à l'heure dans la première épreuve de la troisième expérience, ce qui fait 356 mètres au-dessus de la vitesse promise.

Au surplus, voici les termes textuels des conclusions du dernier rapport de la commission lyonnaise :

« 1° En ne considérant que les quantités de mouvement obtenues, il résulte des ex-
» périences du 23 mai, du 27 juin et du 22 novembre 1830, que M. Bourbon a rempli
» au-delà de ses engagemens, et que, notamment dans l'expérience du 22 novembre, la
» quantité de mouvement produite a été de quatre neuvièmes plus forte que celle qu'on
» avoit promise ;

» 2° Que, relativement à la condition de vitesse, qui n'avoit pas été parfaitement rem-

» plic dans les expériences des 25 mai et 27 juin 1830, celle du 22 novembre n'a rien
» laissé à désirer, puisque, par suite des améliorations faites au système d'engrenage,
» cette vitesse a dépassé de deux onzièmes celle qui étoit promise, ainsi qu'il résulte
» des observations et calculs.

» Ainsi nous sommes d'avis que M. Bourbon a parfaitement satisfait aux conditions
» qui lui étoient imposées, etc. »

Les résultats n'ont pas été moins satisfaisans sur la Garonne.

La commission bordelaise étoit composée de MM. Billaudel, ingénieur en chef des
ponts-et-chaussées; Baour, Bosc fils aîné, David et Brow, tous quatre membres de la
chambre de commerce de Bordeaux; Bompard, capitaine du port; Chaigneau aîné,
constructeur de navires, et Lancelin, professeur de l'école de navigation.

Sans entrer dans le détail de son rapport, il est essentiel d'en extraire ce qui
suit (1) :

« Le mardi, 25 septembre, la commission s'est rendue sur le remorqueur au moment
» du montant de la marée. L'écluse étoit fermée. La roue ne tournoit pas. La hauteur de
» l'eau calme sur le fond artificiel étoit de 66 centimètres. L'écluse ayant été ouverte,
» et les vannes baissées, le courant s'est établi. La roue s'est mise en marche, et quel-
» ques momens après la hauteur du fond artificiel s'est trouvée de 88 centimètres. L'aug-
» mentation ou élévation au-dessus du niveau de l'eau étoit donc de 22 centimètres, ce
» qui fait obtenir à la roue une grande puissance.

» ... On a pu remarquer (ajoute la commission) que dans la durée de l'expérience, le
» courant s'est élevé dans le coursier de $0^m 42^c$ au-dessus du niveau de l'eau. En général,
» plus le bateau remorqué présente de résistance à la roue à aubes, plus le courant
» s'élève pour la vaincre. Cet effet s'opère, comme on l'a déjà indiqué dans la descrip-
» tion de la machine, par la chute que forme sur la roue à aubes l'élévation du fluide.
» Par ce moyen la force motrice augmente avec la résistance. »

La commission fait ensuite, sur l'importance des résultats de ce nouveau système
hydraulique, des observations qu'il est bon de rappeler en propres termes :

« Le commerce y trouvera un avantage notable par le seul fait d'une bien plus grande
» célérité dans le transport des marchandises, puisque la navigation actuelle ne demande
» pas moins de 15 à 20 jours (suivant les saisons) pour effectuer le voyage de Bordeaux
» à Toulouse; tandis que les expériences faites avec le remorqueur de M. Bourbon ne
» portant qu'à 96 heures de marche la durée du halage depuis Langon jusqu'à Toulouse
» (244,000 mètres), on peut compter, en y comprenant le temps nécessaire pour re-
» monter de Bordeaux à Langon, que les marchandises arriveront à Toulouse dans un

---

(1) Il faut faire observer que les expériences de la Commission bordelaise ont été faites sur un petit remor-
queur-modèle, qui ne représente que la douzième partie de la force motrice de celui du Rhône. On peut donc
appliquer les résultats, sauf la règle de proportion.

» délai de sept à dix jours (suivant les saisons), les bateaux ne marchant que de jour, ainsi
» que le commande la prudence.

» Il est hors de doute qu'une aussi forte économie de temps aura pour résultat d'amé-
» liorer les relations commerciales de Bordeaux avec l'est et le midi de la France, et par
» suite, d'augmenter progressivement le mouvement des affaires. Ici se présente un autre
» avantage important du halage hydraulique, qui, par la promptitude avec laquelle il
» peut reproduire son action, offre au commerce des ressources bien au-delà de celles
» actuellement existantes. En effet, d'après les expériences faites, il est permis de calculer
» que le temps nécessaire pour faire remonter à un bateau les 2,000 mètres environ qui
» doivent former la distance entre deux remorqueurs, et ramener la corde de halage à son
» point de départ, sera tout au plus d'une heure et quelques minutes ; d'où résulte que,
» dans douze heures seulement, dix à douze bateaux, portant chacun 60,000 kilog., peu-
» vent partir du même lieu et enlever, chaque jour, de 5 à 7,000 quintaux métriques de
» marchandises, ce qui est sans comparaison avec le mouvement actuel. »

BATEAUX MÉCANIQUES,

ou *Machines technénautiques*.

La construction de ces bateaux est telle que chacun d'eux peut remplir trois desti-
nations, savoir, 1° pour la navigation descendante ; 2° pour la navigation ascendante
des faibles courans ; 3° pour remplacer les remorqueurs à écluses mobiles dans les cas
extraordinaires de quelque avarie ou de quelque force majeure qui interromproient
momentanément leur service.

A l'exception du mécanisme, le bateau technénautique représente exactement un
bateau à vapeur, ayant aussi une *roue-nageoire* de chaque côté.

Seulement sa forme est un peu plus alongée en raison de ses fortes dimensions. Sa
longueur est de 30 à 33 mètres, sa largeur de 3 mètres 66 centimètres, et sa hauteur
de 2 mètres 66 centimètres.

Son mécanisme se divise en deux parties, l'une destinée à la navigation descendante,
l'autre à la navigation ascendante.

La première est mue par la seule force du courant ;

La seconde, par les mariniers, au nombre de cinq, y compris le patron.

Mécanisme pour la descente.

Sur deux arbres en fer, placés horizontalement, se trouvent montées les deux roues-
nageoires qui font saillie sur chacun des flancs du bateau (1).

---

(1) Lorsque cette machine remplace un remorqueur à écluse mobile pour la remorque des bateaux, sous
chacune des roues-nageoires, se trouve placée une petite écluse mobile.

Deux pignons, dits *pignons moteurs*, sont placés à chacune des extrémités intérieures des deux arbres; et un autre pignon, dit *pignon régulateur*, engrène avec l'un des deux premiers.

Un troisième arbre en bois est verticalement posé sur une traverse. Il agit sur son pivot, et se prolonge d'un mètre 66 cent. au-dessus du pont pour servir de manége.

Il est monté d'une roue en fonte, dentée, et qui, placée horizontalement, engrène, tant avec l'un des pignons moteurs qu'avec le régulateur.

La rotation de cet arbre par la force d'un seul cheval ou de quelques bras, met les nageoires en mouvement, et opère la marche accélérée du bateau.

Un manchon à ellipse, placé sur les deux arbres de fer, près de chaque pignon moteur, et muni à son centre d'une barre à ressort, forme avec elle le jeu d'engrenage et de dégrenage, au moyen duquel trois secondes suffisent, soit pour donner au bateau sa marche accélérée, soit pour l'arrêter sans secousse et sans danger.

Mécanisme pour la remonte.

Dans l'intérieur du bateau, et sous l'arbre vertical, une charpente est établie sur le fond du bateau pour supporter la seconde partie du mécanisme technénautique.

Là sont placés deux arbres en fer, à 3 mètres 33 centimètres l'un de l'autre; un sous la ligne verticale des arbres des nageoires, et l'autre en arrière.

Le quatrième arbre est monté, dans son centre, d'un tambour à quatre gorges. Ce tambour a 2 mètres de diamètre, et chacune de ses deux extrémités porte un pignon engrenant avec les pignons moteurs de la première partie mécanique, qui tous deux, par la rotation des nageoires, le mettent en mouvement.

Un cinquième arbre, posé derrière le quatrième, sur la même charpente, présente un tambour de direction de 66 centimètres de diamètre, et reçoit l'impulsion du grand tambour. Il sert de régulateur au cordage de la remorque.

RÉSULTATS.

Avec ce mécanisme le bateau technénautique peut agir par points fixes et par relais, comme remorqueur.

Et lorsqu'il doit fonctionner sur un foible courant, il agit sur son point fixe comme *bateau à vapeur-toueur*, dans la distance qui lui est assignée.

Dans ces deux cas, la seconde partie mécanique est seule en action.

Mais lorsque le bateau mécanique est employé au service de la descente accélérée du Rhône, il fonctionne comme les bateaux à vapeur.

Dans la remonte, la machine technénautique redevient par son usage simple bateau-gabarre, et il est de même remorqué par les remorqueurs à écluses mobiles.

ÉTAT ACTUEL DE LA NAVIGATION

D'ARLES A CHALONS-SUR-SAONE;

ET DE SES DIFFÉRENS SYSTÈMES.

La Saône est la rivière de France qui offre, sans contredit, la plus belle navigation descendante et ascendante.

Le service de Châlons à Lyon satisfait pleinement à tous les besoins et à tous les inté-rêts du commerce, de l'industrie et de l'agriculture.

Tous les perfectionnemens possibles ont été obtenus depuis dix ans par le zèle des entreprises particulières.

Une dernière amélioration est sollicitée, et c'est le Gouvernement seul qui peut facilement la procurer; il ne s'agit plus que de faire dégager et aplanir par le bateau dragueur les hauts-fonds qui, dans trois passages, arrêtent la navigation au temps des basses eaux.

Cette réclamation est d'autant plus juste, que les droits de navigation sont destinés à faire face à ces sortes de dépenses.

Quatre compagnies de bateaux à vapeur sont établies sur la Saône, tant pour le transport des personnes que pour le remorquage des bateaux de marchandises.

Il existe aussi des équipages de mariniers, mais en petit nombre, pour les chargemens dirigés sur Besançon, et de là sur le canal du Rhône au Rhin.

Le Rhône, le plus beau fleuve de France, dont le service est aujourd'hui si violemment menacé, est cependant susceptible, avec un système qui saura dominer son impétuosité, d'offrir au commerce intérieur la navigation la plus importante du royaume.

Maintenant le service de descente est exploité par une compagnie de bateaux à vapeur, avec une célérité et une régularité parfaites.

Ce service va être augmenté de deux bateaux à vapeur construits en tôle, avec tous les nouveaux perfectionnemens, et avec une telle réduction du tirant d'eau, que désormais la navigation ne sera pas interrompue pendant les basses eaux.

Mais la navigation ascendante, soit par les bateaux à vapeur, soit par le halage des chevaux, présente des difficultés qui ne lui permettront jamais de remplir les conditions réclamées par l'intérêt public et privé.

La première de ces difficultés résulte de l'impossibilité de vaincre par une force motrice toujours bornée une résistance qui peut, au contraire, s'accroître inopinément dans les crues subites du fleuve.

Alors la vapeur est impuissante.

En effet, et par exemple, un bateau construit pour marcher contre un courant de la force de soixante chevaux, et qui peut fonctionner facilement, quoiqu'en faisant peu de chemin, lorsque la résistance n'est que de cinquante-cinq à cinquante-huit chevaux, se trouvera tout-à-coup réduit à l'impossibilité d'agir pour la remorque des bateaux, pouvant à peine se remonter lui-même. Il seroit donc forcé d'arrêter pour attendre le décroissement des crues.

Des bateaux à vapeur de la force de cent chevaux pourroient, il est vrai, pourvoir à toutes les résistances; mais ce seroit pour retomber ensuite dans un autre danger, résultant, au contraire, de la diminution même du courant. En effet, de tels bateaux, dont la dimension doit être énorme et prendre un tirant d'eau considérable, seroient arrêtés par la force d'inertie pendant une grande partie de l'année.

Un troisième inconvénient touche à la partie financière. Les frais nécessités par les exploitations de la vapeur pour remonter le Rhône, surtout s'il s'agissoit du transport des marchandises, seroient hors de proportion avec les produits. Les sept bateaux qui font actuellement le service du fleuve ne trouvent déjà que très-difficilement une compensation suffisante entre les bénéfices de la descente et les pertes de la remonte. Un plus grand nombre éprouveroit un déficit inévitable. La compagnie du canal de Givors en a fait la triste expérience.

La compagnie des bateaux à vapeur a donc dû laisser le principal service de la navigation ascendante aux équipages, qui, au nombre de quarante à quarante-deux, continuent le halage des chevaux pour le transport d'environ un million douze cent mille quintaux métriques de marchandises, terme moyen de chaque année.

Mille à onze cents hommes et quinze à seize cents chevaux sont employés à ce service pénible et dangereux. Les chefs d'équipage et les mariniers y peuvent perdre en quelques mois le fruit d'une vie entière de travaux et de fatigues, lorsque les bateaux et les chevaux sont entraînés par l'irrésistible violence des courans. Heureux encore quand ils ne périssent pas eux-mêmes ! Il y a des sinistres considérables tous les ans; et même, sans autres dangers que ceux de la navigation ordinaire, les chevaux les plus forts ne peuvent pas tenir le Rhône pendant plus de deux à trois ans.

D'après toutes les variations du cours du fleuve, et tous les accidens de la navigation dans les saisons diverses, le prix des transports de marchandises par le halage des chevaux, varie de 5 fr. 5o c. à 4 fr. 5o c. les cent kilogrammes d'Arles à Lyon.

Le voyage dure ordinairement de trente-cinq à quarante-cinq jours, suivant les saisons.

On voit combien il importeroit que le service fût accéléré dans sa marche, régularisé dans son exécution, et réglé dans ses prix.

Il est certain aussi, pour quiconque connoît ces parages, que si le halage des chevaux pouvoit remonter à raison de 2 fr. les cent kilogrammes certaines marchandises et certains produits territoriaux, la masse des chargemens augmenteroit du double de ce qu'elle est aujourd'hui.

Et si le voyage pouvoit se faire régulièrement en quinze jours, célérité bien suffisante, les transports eux-mêmes seroient presque aussitôt quadruplés.

Les heureuses conséquences d'une pareille innovation seroient incalculables, surtout si, de Paris à Châlons-sur-Saône, on établissoit un chemin de fer pour former avec les halages hydrauliques la plus importante et la plus productive de toutes les comunications de la France, en faisant aboutir à la capitale et en répandant sur toute la route les avantages des plus actives spéculations.

Une grande quantité de marchandises, jusqu'à présent dirigées des ports de Marseille et de Cette sur le Havre, prendroit la direction du Rhône, et l'on comprend que ces expéditions dans l'intérieur même du royaume vivifieroient tout sur leur passage.

Quelle protection a donc droit d'attendre du Gouvernement une entreprise qui non-seulement a l'espoir, mais encore la certitude, d'après les épreuves déjà faites, d'arriver à un but qui entraîne à sa suite ces immenses résultats !

APPLICATION

Du Système de Halage hydraulique

A LA NAVIGATION ASCENDANTE ET DESCENDANTE DU RHÔNE.

Développement du projet de cette nouvelle navigation, et sa combinaison avec le chemin de fer de Paris à Châlons-sur-Saône.

De Lyon à Marseille, le service sera organisé comme il suit :

1° D'Arles à Lyon, cent cinquante remorqueurs à écluses mobiles seront placés sur le bord du fleuve et amarrés, par points fixes et par relais, à 2,000 mètres, plus ou moins, de distance les uns des autres, suivant les localités désignées par les études déjà faites, et de manière à ne point gêner la navigation ordinaire (1) ;

2° Vingt-cinq bateaux technénautiques compléteront ce service, tant pour la descente que pour la remonte ;

3° Cent soixante-quinze gabarres seront destinées au transport accéléré des marchandises;

---

(1) Il ne faut pas se le dissimuler : une puissante opposition se prépare contre le nouveau système de halage hydraulique ; et ses principaux motifs tiennent, non pas au fond même du projet, mais à la concurrence de celui du chemin de fer de Châlons à Marseille. Toutefois, on a voulu présenter des objections qui fussent ou parussent puisées dans l'exécution de notre plan : un examen consciencieux en fera bientôt justice.

Dans l'impossibilité d'attaquer les bases du système hydraulique, on suppose des inconvéniens et des dangers ; et de là, deux objections principales : l'une, que le stationnement des remorqueurs, à 2,000 mètres de distance chacun, gêneroit la navigation ; l'autre, que la longueur des cordages de remorque pourroit occasioner des accidens.

Une réponse à ces deux objections, c'est l'expérience qui a déjà eu lieu, et que l'on peut recommencer, suivant l'offre qui en est faite. Il est facile de se convaincre, en quelques heures, que les prétendus inconvéniens et les prétendus dangers sont chimériques, tandis que les avantages sont immenses.

Mais venons aux détails. Et d'abord, quant à la supposition des entraves qui résulteroient du stationnement

4° Quatre bateaux à vapeur feront la remorque des gabarres, de Marseille à Arles, et d'Arles à Marseille.

L'entreprise n'aura donc à elle, pour le transport des marchandises et des personnes, que deux cents bateaux, savoir : vingt-cinq technénautiques, et cent soixante-quinze gabarres.

Mais, comme le halage hydraulique peut tenir en mouvement quatre cent cinquante bateaux chargés de marchandises sur la ligne du service, tous les bateaux ordinaires et actuellement en usage pourront, non-seulement continuer, mais encore agrandir leur

---

des remorqueurs pour la navigation, il suffit de faire remarquer que la navigation, sinon tout entière, du moins en majeure partie, sera servie par le halage hydraulique ; et alors, on comprend que tout l'ensemble du système, intéressé à sa propre sûreté, ne pourra pas tolérer la moindre entrave à son libre service.

Déjà les études faites dans chaque localité pour le placement des remorqueurs ont tout prévu ; et, dans cette prévoyance, on a eu soin de respecter la circulation des bateaux à vapeur et des bateaux ordinaires, en même temps que celle des bateaux du halage hydraulique lui-même ; car il leur faut à tous la même latitude et la même liberté.

Ajoutons que, si, malgré toutes les précautions possibles, un cas imprévu se présentoit, la mobilité des remorqueurs permettra toujours bien facilement de disposer chaque station, ou de la modifier, de manière à ne jamais laisser subsister le moindre obstacle à la navigation.

A la place des appréhensions qu'un intérêt, bien différent de celui de l'utilité publique, voudroit inspirer, il est bon de rappeler ici tous les avantages que le nouveau système de remorque doit offrir à la navigation, contre tous les dangers et les écueils du Rhône.

Les remorqueurs, placés comme des sentinelles permanentes, seront toujours prêts au premier signal et au premier cri d'alarme, sur tous les points de la ligne. Ainsi, le halage hydraulique sera comme un protecteur assuré pour les bateaux de passage. Il préviendra, par ce prompt secours, tous les accidens très-ordinaires sur ce fleuve.

Chaque relais étant pourvu d'hommes, de *barcots*, de cordages de rechange et de tous les agrès nécessaires au service hydraulique, et la manœuvre de la remorque pouvant, sans aucun danger, s'arrêter en moins d'une minute, tous les employés se trouveront, au même moment, disponibles pour porter les secours nécessaires. Ce sera là une des conditions de leur service, et les inspecteurs seront chargés de veiller à l'exécution du réglement sur ce point.

Dans la seconde objection, on suppose que la longueur des cordages pourroit, en certains cas, barrer le passage aux bateaux de descente.

Nous le répétons, l'expérience a déjà démenti cette supposition, dans les localités même qui présentent le plus de sinuosités. Les bateaux ordinaires et les bateaux à vapeur, qui se sont trouvés de passage au moment de l'épreuve, n'ont éprouvé aucune espèce de difficulté ou d'obstacle résultant des cordages de remorque, ni sur le Rhône ni sur la Garonne.

Effectivement, lors même que trois bateaux seroient remorqués à la fois, la corde du remorqueur ne sort jamais de l'eau et ne frotte point le fond du fleuve dans sa plus forte tension, c'est-à-dire lors d'un *engravement*. Elle apparoît seulement au niveau de l'eau, ce qui n'empêche pas les bateaux de filer en passant dessus.

Quant aux petites embarcations, elles sont prévenues d'avance et évitent le passage.

Une autre précaution est également facile pour tous les cas possibles, soit de simple passage, soit d'engravement : c'est d'arrêter la manœuvre au moindre signe du bateau ou des embarcations que l'on voit venir de loin ; et l'on sait que cette opération ne demande que quelques secondes.

Ainsi sont écartées les principales objections présentées contre le projet. Si d'autres étaient encore ajoutées à celles-ci, l'exposant se réserve de donner, verbalement ou par écrit, tous les éclaircissemens possibles et toutes les réponses désirables, devant la commission qui sera sans doute nommée pour l'examen de sa pétition.

Il auroit en effet le droit incontestable d'être entendu pour la défense de son système, sur un objet d'utilité publique.

exploitation, en se faisant remorquer par le halage hydraulique : il ne s'agira, pour eux, que de la seule suppression des chevaux.

Ainsi, l'entreprise ne devra pas augmenter son matériel, quel que soit le développement du commerce, de l'industrie et de l'agriculture, par la nouvelle activité que leur imprimera le système hydraulique.

En effet, le but principal de cette entreprise étant la remorque, elle sera toujours prête, et elle suffira, telle qu'elle doit être constituée, à tous les besoins, à toutes les exigences du service le plus actif.

C'est ce qu'il importe de démontrer dès à présent.

Fixons d'abord la plus grande activité de la navigation, suivant le terme moyen de la puissance des remorqueurs échelonnés sur toute la ligne.

Chaque remorqueur peut librement remonter, au besoin, trois bateaux à la fois, ce qui donne un mouvement continu de quatre cent cinquante bateaux ; de telle sorte qu'à toutes les heures trois bateaux peuvent être mis en remorque du point de départ, et trois autres peuvent être rendus à destination. En prenant pour moyen terme dix heures de navigation par jour, trente bateaux partiront, tandis que trente autres bateaux arriveront ainsi successivement et sans aucune interruption.

Les chargemens peuvent être de 750 quintaux ou 75 tonneaux ; mais, en ne les portant ici qu'à 500 quintaux ou 50 tonneaux, on aura par jour 15,000 quintaux ou 1500 tonneaux, qui, calculés par 300 jours, donneroient 4,500,000 quintaux ou 450,000 tonneaux, ce qui présente une masse de transports trois fois plus considérable que celle de la navigation actuelle.

Le sort des mariniers ne peut donc que gagner à ce système ; ils n'ont pas à craindre de voir réduire leur nombre, qui sera, au contraire, bien augmenté ; ils seront beaucoup moins exposés, et leur travail sera tout à la fois et plus constant et moins pénible.

Les classes laborieuses dont les professions se rattachent à la navigation, dans les dix départemens riverains du Rhône et de la Saône, y ressentiront tous les avantages résultant de l'augmentation du travail par le développement de tous les moyens de prospérité commerciale, industrielle et agricole.

Le remorquage hydraulique représente exactement sur l'eau, les postes qui, sur la grande route, se remettent les unes aux autres, depuis le point de départ jusqu'au lieu de destination, les voitures publiques et particulières.

Dans ce genre de halage, la force motrice ne coûte jamais rien, et comme elle est produite par la même cause que la résistance même, l'une ne peut augmenter sans que l'autre n'augmente aussi dans la même proportion, au moyen de l'écluse mobile qui, suivant son ouverture *ad libitum*, modifie le courant au gré du patron de la remorque.

Les cent soixante-quinze bateaux-gabarres seront répartis dans les ports principaux de Marseille à Châlons-sur-Saône.

Ils partiront et arriveront régulièrement chaque jour avec leur chargement, complet ou non, comme cela se pratique, pour le transport des voyageurs à jours fixes, et de manière que, sur tous les points de la ligne, le commerce et l'industrie aient le moyen de faire et de suivre leurs expéditions de descente et de remonte avec la plus grande exactitude.

La construction de ces bateaux-gabarres sera telle qu'ils feront tout à la fois le service du Rhône, des canaux et de la mer, pour que les transports, sans transbordemens, puissent s'effectuer de Marseille à Lyon, et jusqu'à Châlons-sur-Saône.

Aucun des accidens qui retardent ordinairement la navigation n'est à craindre pour la régularité du halage hydraulique.

Dans les très-fortes eaux, les remorqueurs ont une puissance extrême.

Les bateaux remorqués passent facilement sous les ponts; et comme ils peuvent éviter, même dans ce cas, les grands courans, ils trouvent moins de résistance, et vont beaucoup plus vite que s'ils étoient forcés de les remonter.

Les plus basses eaux du Rhône sont, dans quelques passages, de 56 centimètres. En conséquence, les gabarres sont construites de manière à porter sur ce volume d'eau une charge de 5oo quintaux métriques ou 5o tonneaux.

D'ailleurs, la compagnie fera draguer au besoin les passages où les caprices du Rhône réclameroient cette précaution, spécialement dans les grandes sécheresses; mais il est infiniment rare, pour ne pas dire impossible, que la hauteur des eaux de ce fleuve soit réduite au-dessous des 55 centimètres qui servent de base aux prévisions de l'entreprise.

Et, même en admettant l'impossible, on auroit toujours la ressource de diminuer le poids des chargemens, en augmentant le nombre des bateaux; car, il n'en coûteroit pas davantage, attendu que la force du remorqueur suffit à tout, et n'exige, pour un mouvement plus actif, ni un plus grand nombre d'hommes, ni aucune dépense de force autre que celle du courant, qui ne coûte rien.

On peut donc affirmer hardiment que le service ne sera jamais interrompu pour la descente du Rhône : ce service sera toujours le même, tout-à-la-fois accéléré et régulier. Mais, pour la navigation ascendante, il se divisera en service accéléré et service ordinaire, et cependant avec les mêmes remorqueurs, malgré la différence de la marche de ces deux services.

Cette double opération du mécanisme hydraulique va s'expliquer :

Lorsque les bateaux du service ordinaire sont mis en remorque, leur marche ascendante est aussi prompte que celle du service accéléré.

Elle n'est retardée que par le temps perdu dans les ports où ils sont obligés d'attendre leur tour pour le remorquage, en cédant toujours le pas aux bateaux du service accéléré, qui ne doivent jamais attendre.

C'est-à-dire que les bateaux du service ordinaire sont remorqués dans les intervalles du service accéléré; mais toutefois la différence entre les deux marches ordinaire et accélérée ne peut guère être que de cinq à six jours dans tout le trajet de la remonte d'Arles à Lyon. En calculant au *maximum* le temps nécessaire de marche, quinze jours suffisent de Marseille à Lyon pour le service accéléré, et trois jours de Lyon à Marseille en hiver.

Le service ordinaire est destiné à la remonte des marchandises de peu de valeur ; par exemple, des matériaux de toute espèce, et de quelques produits territoriaux. Il doit spécialement provoquer le développement de l'industrie et de l'agriculture sur tout le littoral du Rhône et sur les lignes parallèles.

PRIX DES TRANSPORTS, ET APERÇU DE LEURS PRODUITS.

Tandis que pour l'établissement d'un chemin de fer de Châlons à Marseille il ne faudrait pas moins de 130 millions, il suffira, au contraire, de huit millions de francs pour donner au nouveau système de navigation accélérée le plus grand développement dans ses rapports avec tous les intérêts généraux et particuliers des dix départemens riverains du Rhône et de la Saône.

La modération du prix des transports deviendra un des élémens de prospérité pour l'entreprise elle-même, par le mouvement et l'extension du commerce et de l'industrie.

On en aura la certitude aussitôt après l'installation du service de Lyon à Vienne, qui sera comme le début du système, et qui, ne demandant qu'une mise de fonds de 800,000 fr., offrira aussi aux propriétaires ou actionnaires de l'entreprise une satisfaisante épreuve des bénéfices considérables qu'ils doivent en attendre.

Les études faites sur toute la ligne de Lyon à Arles, et les dépenses relatives à la construction, aux agrès et à la mise en activité des remorqueurs, sont comme les bases matérielles de nos calculs; puis, les expériences faites sur le Rhône et sur la Garonne, pour constater la puissance du mécanisme hydraulique et la célérité de sa marche, ont donné des résultats mathématiques pour asseoir, avec la plus satisfaisante exactitude, et les prix de transport, et les dépenses annuelles, et les bénéfices de l'exploitation.

Les prix doivent être fixés d'avance, et ils ne pourront jamais être augmentés sans l'autorisation du Gouvernement. Par conséquent, le tarif va en être proposé au *maximum*, d'après les résultats obtenus. Quant aux bénéfices, nous craindrions le reproche d'exagération si nous donnions l'indication précise du taux auquel ils peuvent s'élever ; mais on peut affirmer qu'ils ne doivent pas être au-dessous de 25 pour 100.

Le prix du transport accéléré de la remonte de Marseille jusqu'à Châlons sera de 15 centimes un tiers les 1000 kilog. par 1000 mètres ; et celui de la descente sera de 6 cent. deux tiers les 1000 kilog. par 1000 mètres, ce qui fait environ 4 fr. d'Arles à Lyon pour la remonte, et 2 fr. pour la descente.

Quant au prix de transport par le *service ordinaire* de la remonte, il est fixé à 6 cent. deux tiers les 1000 kilog. par 1000 mètres, ou 2 cent. deux tiers les 100 kilog. par lieue, ce qui réduit le prix à environ 2 fr. d'Arles à Lyon, quoique le service ordinaire de la remorque hydraulique soit beaucoup moins lent que le service le plus actif du halage des chevaux.

L'aperçu des produits peut maintenant être facilement indiqué.

Voici d'abord celui des recettes incontestables, établies d'après le mouvement de la navigation ascendante du Rhône, pendant les quatre dernières années, au moyen des droits de navigation.

SAVOIR :

Nombre des Bateaux.	DÉTAIL DES MATIÈRES.	QUINTAUX métriq	PRIX des transports. Fr.	C.	PRODUIT. Fr.
	Transport de la mer, ou de Marseille à Arles et Beaucaire.	385,000	»	90	346,500
	D'Arles, de Beaucaire et d'Avignon, à divers ports au-dessous de Lyon.				
169	Bateaux marchandises, 500 quint. minimum.........	84,50.	3	»	253,500
	D'Arles, de Beaucaire à Lyon.				
310	Bateaux sel, chargés pour Lyon, de 500 quint. à......	155,000	4	»	620,000
850	Bateaux vin, et autres liquides, de 500 quint. à.......	425,000	4	»	1,700,000
360	Bateaux marchandises diverses, de 500 quint. à.......	180,000	4	»	720,000
	De divers ports à divers ports au-dessous de Lyon.				
180	Bateaux minerai de fer et marchandises diverses......	90,000	2	»	180,000
	De divers ports au-dessous de Lyon.				
340	Bateaux vin, autres liquides et marchandises.........	170,000	2	»	340,00.
	D'Arles, de Beaucaire, à divers ports au-dessous de Lyon.				
80	Bateaux sel, de 500 quint. compris jusqu'à Lyon......	40,000	4	»	160,000
1000	De Givors à Lyon, de 800 quint.........			24	192,000
	Venant des ports d'Arles, Beaucaire et d'Avignon.				
700	Bateaux vides, les uns dans les autres à 200 fr........	»	200	»	140,000
3,989	Bateaux pleins et 700 vides. TOTAUX..	2,290,000		»	4,752,000
	A ce produit, il faut ajouter les recettes du service de la descente des gabarres, au nombre de 175, et 25 machines technénautiques à 20 voyages, 3,500 voyages. En ne portant la recette de chaque voyage qu'à 250 fr. pour marchandises et personnes (1)......		250	»	875,000
3,989	Bateaux. TOTAL GÉNÉRAL.....	2,290,000			5,627,000

(1) On doit remarquer l'extrême modération avec laquelle cette partie de recette se trouve établie pour le service de la navigation descendante ; en ne portant le produit de chaque descente qu'à 250 fr. pour transport de marchandises et de personnes, 150 quintaux surpasseront déjà ce produit, et chaque gabarre peut être chargée dans les plus basses eaux à 500, non compris les voyageurs.

Je dois faire observer que jamais on n'a pu préciser, d'après les droits de navigation, la quantité des marchandises expédiées d'Arles à Lyon, mais seulement le nombre de bateaux chargés et vides. Tout ce qu'on a pu savoir approximativement, c'est que les charges sont ordinairement portées de 500 à 750 quintaux par chaque bateau.

Mais nous prenons pour base le *minimum* de 5oo quintaux.

Sur cette donnée, et en établissant aussi les recettes au *minimum*, il est incontestable qu'elles doivent être au moins de six millions par an, pour le seul produit de la remonte du Rhône.

Ainsi, dans le tableau ci-dessus, les recettes sont portées à 1,5oo,ooo au-dessous de leur taux annuel, afin que les résultats ne puissent pas même être contestés dans leur plus minime évaluation, à la somme de   5,627,000 fr.

Voici maintenant les dépenses annuelles portées au contraire au maximum.

Les dépenses annuelles concernant le halage hydraulique d'Arles à Lyon, sont de   2,200,000 fr.

Celles des quatre bateaux à vapeur, de   280,000

Réserve annuelle pour le renouvellement du matériel et pour faire face aux dépenses non prévues   820,000

Le total des réserves et des dépenses annuelles à prélever sur les recettes est de   3,3oo,ooo   3,3oo,ooo

D'où il résulte un excédant de recette à répartir entre les porteurs d'actions du capital de l'entreprise pour dividende qui s'élèvera à plus de 25 pour 100 annuellement.   2,327,000 fr.

On doit une confiance d'autant mieux fondée à ces calculs, qu'ils sont établis bien au-dessous de la masse des transports ordinairement opérés chaque année, et sans égard aux immenses développemens que la navigation saura prendre dans le nouveau système hydraulique. On remarquera bien aussi que le produit des chargemens considérables qui seront remontés à 2 cent. deux tiers les 100 kilog. par lieue, n'est point compris dans les recettes, non plus que celui que procureront une foule de branches industrielles, dont l'essor se manifestera plus tard.

Il importe donc de démontrer d'abord que le nouveau système hydraulique doit vivifier et enrichir les dix départemens riverains du Rhône et de la Saône, tandis que le chemin de fer projeté en seroit la ruine et le fléau dans toute l'étendue de son parcours entre les deux points respectifs de départ et d'arrivée.

Avantage du Système hydraulique

POUR LA PROSPÉRITÉ DU COMMERCE, DE L'INDUSTRIE ET DE L'AGRICULTURE.

Aucune existence, aucune industrie n'est menacée par le nouveau système de remorque sur le Rhône.

Le personnel de la marine du fleuve, comme son matériel, trouveront leur emploi dans le service ordinaire de la remonte, et conserveront leur liberté et même leur destination dans la navigation descendante, pour beaucoup d'objets de consommation ou de construction.

La suppression des chevaux sera avantageusement compensée par les heureux effets du halage hydraulique, pour les propriétaires riverains, en rendant à l'agriculture environ quatre mille hectares de terrains que leur enlèvent les chemins de halage.

Leurs propriétés ne seront plus assujetties aux servitudes vexatoires du passage des chevaux sur les rives, du frottement des câbles, du tirage en biais, et de toutes les dégradations et éboulemens qui en sont la suite ; enfin, la liberté des plantations pour maintenir les bords du fleuve ne sera plus entravée. Un peu moins de consommation de fourrages sur chaque point d'arrêt ne peut pas entrer en comparaison avec de tels résultats ; et d'ailleurs la nouvelle activité du commerce et des communications remplira bientôt cette petite lacune. Ainsi, le seul froissement que l'on puisse craindre du halage hydraulique offrira en échange plusieurs avantages importans, tandis que le chemin de fer de Châlons à Marseille n'auroit point de compensation à donner à ses victimes.

Mais ce n'est pas encore assez de ne pas nuire quand on veut introduire un nouveau système, il faut qu'il fasse prospérer tous les intérêts généraux et particuliers.

Sous ce principal point de vue, la destination du halage hydraulique, nous ne craignons pas de l'annoncer hautement, est d'opérer une heureuse révolution au profit de toutes les branches du commerce et de l'industrie, principalement de lier toute la ligne de son exploitation.

Il a été démontré, page 13, que la remonte des bateaux ne peut pas tenir les remorqueurs dans une continuel activité.

On conçoit, dès-lors, combien il est important d'employer cette force oisive.

Aussi, dans mes prévisions, j'ai donné à mon système hydraulique une double destination, en le faisant servir tout à la fois au commerce des transports et aux développemens de l'industrie et de l'agriculture.

Pour tirer un double parti du matériel, du personnel, des transports et de la force motrice qui seroient sans emploi dans les intervalles du halage et pendant la nuit, j'ai placé, à cet effet, le mécanisme de remorque sur un seul côté du remorqueur, tandis que l'autre côté est disposé de manière à recevoir différens autres appareils mécaniques.

Ainsi, par exemple, au nombre des mécanismes qui pourront s'installer sur la place vide, on peut compter tous ceux qui servent soit à la mouture des céréales, soit à la fabrication des huiles, soit à la distribution des eaux et à l'irrigation des propriétés, soit pour les scieries de planches, pierres et marbres, et pour un grand nombre d'autres fabriques ou manutentions, désirables suivant les localités.

Il est donc facile de prévoir qu'avec une force motrice qui ne coûte rien, et avec des hommes déjà payés et inactifs pendant une bonne partie de leur temps sur le remorqueur, combien les produits peuvent se multiplier, s'agrandir et s'élever.

Quelle source d'activité et de développemens pour toutes les parties commerciales et agricoles, surtout avec l'économie et la célérité des transports !

Que de nouvelles industries de toute nature vont surgir sur les deux rives du Rhône et de la Saône ! et quel essor vont prendre celles déjà existantes !

Qu'on se représente sur toute la ligne du littoral cette longue chaîne de cent cinquante remorqueurs, tous en activité dans leur double destination, et que l'on consulte surtout les populations riveraines !

Non ! il n'est pas permis de penser que le Gouvernement puisse négliger, ou plutôt ne pas encourager l'application d'une découverte aussi précieuse dans l'intérêt public, qu'il est chargé de surveiller et de protéger, spécialement pour toutes les classes laborieuses, dont la prospérité se rattache ici à celle de la propriété même, dans toutes les branches du commerce et de l'agriculture.

Encore moins doit-on craindre que le Gouvernement puisse consentir au projet du chemin de fer de Châlons-sur-Saône à Marseille, quand toutes ses désastreuses conséquences lui seront démontrées.

Car, s'il a provoqué des *études* pour les chemins de fer, en général, il n'est encore permis de considérer cette mesure que comme une pensée trouvée digne de la prévoyance gouvernementale et législative; mais ce n'est pas une mesure décisive et irrévocable.

Il reste encore à examiner les résultats prévus ou imprévus de ces études, et l'opportunité ou les dangers de l'exécution, suivant les diverses localités, enfin leur combinaison possible ou leur rivalité avec les autres voies de communication.

Il est bien évident en effet que, dans une telle concurrence, c'est souvent d'une question de vie ou de mort qu'il s'agit entre les entreprises rivales, par exemple, entre la navigation d'un fleuve parallèle à un chemin de fer.

Sous ce point de vue capital, le pétitionnaire doit nécessairement discuter le projet du chemin de fer de Châlons à Marseille. Il est de son devoir d'en comparer les résultats et les effets inévitables, avec les avantages certains du projet de halage hydraulique qui viennent d'être exposés.

RÉSULTATS INÉVITABLES DU PROJET DE CHEMIN DE FER

DE CHALONS A MARSEILLE,

Comparés avec ceux du Halage hydraulique accéléré.

La véritable application des chemins de fer doit être faite dans l'intérêt du commerce, de l'industrie et de l'agriculture; la célérité du transport des personnes et des marchandises ne suffiroit pas pour justifier les énormes sacrifices qu'ils nécessitent, si le bien-être général des populations n'en étoit pas le résultat.

Vainement donc une belle spéculation, vainement une exécution brillante et digne de 100 millions qu'elle engloutiroit, viendroit faire honneur aux conceptions du génie et à l'habileté des travaux, si en définitive elles aboutissoient à de nombreux et irrémédiables désastres.

Aussi le Gouvernement ne veut, et ne doit vouloir l'application des chemins de fer, qu'avec un consciencieux discernement.

Il reconnoîtra facilement, d'abord, que les contrées dans lesquelles cette innovation peut atteindre toute son utilité, sont, sans contredit, celles-là seules qui ne sont pas dotées d'une belle navigation.

Le Gouvernement doit reconnoître aussi que, dans les voies de communication parallèles et rapprochées l'une de l'autre, la concurrence est infailliblement ou ruineuse pour les deux par le partage de l'exploitation commune, ou désastreuse pour celle qui est vaincue par sa rivale, et en même temps funeste au public par le monopole, si la victoire échoit à une entreprise privilégiée.

Or, un chemin de fer de Châlons à Marseille seroit inévitablement, non-seulement rival, mais ennemi de la navigation du Rhône et de la Saône; car il ne pourroit fonder son existence que sur l'anéantissement complet, non-seulement de la navigation ascendante, mais encore de la navigation descendante du Rhône.

Il n'est pas possible de se faire illusion sur ce point.

Vainement diroit-on que rien n'égale la facilité de la descente du fleuve, et que dès-lors cette voie de rapide communication conservera toujours son importance.

Non ! jamais une route sans retour, jamais des chargemens sans contre-voiture, jamais une navigation descendante sans navigation ascendante, ne pourra prospérer, surtout avec la concurrence d'un chemin parallèle et doublement exploité.

Cette vérité, palpable par elle-même, va se développer encore dans un examen détaillé.

On ne doit pas ignorer que de Châlons à Marseille les existences commerciales et industrielles sont liées depuis long-temps au sort de la navigation; que cette espèce d'association naturelle, dans les mêmes intérêts et dans les mêmes destinées, constitue un droit acquis, et que par conséquent tout ce qui peut y porter atteinte réclame la plus sévère circonspection.

Il est surtout incontestable qu'aucune innovation ne doit être introduite au préjudice de pareils droits, quand elle ne réunit pas tous les avantages principaux des moyens de communication.

Or, l'économie du prix des transports est la condition vitale et *sinè quà non* de toute entreprise de cette nature.

Sous ce premier rapport, il est impossible que le chemin de fer projeté remplisse jamais l'attente du gouvernement.

On sait d'avance quelle sera la modicité des prix dans le nouveau système de remorque pour la navigation du Rhône.

Voyons donc maintenant quels pourroient être ceux du chemin de fer parallèle.

Et, pour arriver à une évaluation incontestable, admettons le *minimum* de toutes les dépenses, et le *maximum* de toutes les recettes.

D'abord, quant aux dépenses, vérifions approximativement l'étendue du chemin, tel qu'il sera exécuté, suivant la sage résolution adoptée en France, de tourner les obstacles plutôt que de faire des percées énormément dispendieuses.

Le développement du cours de la navigation de Châlons à Marseille peut, dès-lors, être pris comme point de comparaison. Or, il est de 520,000 mètres; et comme la puissance du fleuve a renversé bien des obstacles tels que ceux dont le chemin de fer sera obligé au contraire de se détourner, on doit en conclure que ce chiffre de 520,000 mètres est trop restreint. Mais acceptons-le, suivant notre principe d'évaluation.

En le prenant pour base de la dépense, par comparaison avec le chemin de fer de Saint-Etienne à Lyon, il faudra un capital de 130 millions, au moins, pour la confection et le matériel d'un chemin de fer (1).

L'intérêt annuel de ce capital s'élèvera à 6,500,000 fr.

Quant aux dépenses relatives à l'entretien du chemin, aux véhicules, aux vagons, aux lomocotives, au combustible, et enfin à tous les frais possibles d'administration, y compris ceux du personnel, on peut les calculer sur le *minimum* des chemins de fer actuellement existant en France, ce qui les porte encore, pour le moins, à 13 millions de francs.

Le total de la dépense annuelle sera donc de 19 millions 500 mille francs.

Voici maintenant quelques données sur la taxe des recettes.

Le tarif du chemin de fer projeté n'étant pas connu, consultons celui du chemin de fer de Montbrison à Montron, comme étant le plus élevé; car on ne peut pas supposer que celui de Châlons à Marseille puisse être moindre, avec tant de chances défavorables. Le prix de transport des marchandises sera donc de 15 cent. les 1000 kilog. par 1000 mètres; c'est le *minimum*.

Une certaine quantité de marchandises qui ne peuvent pas être transportées par le chemin de fer, qu'on évalue à 400,000 quintaux, resteront à la navigation de remonte.

En allouant 100,000 tonneaux au chemin de fer, c'est pousser bien haut la prévision de ses recettes. Et en supposant que cette masse de marchandises ait à faire tout le trajet de Marseille à Lyon, le parcours étant de 400,000 mètres à 15 cent., on accrédite une recette de 6,000,000

De Lyon à Châlons le chemin de fer trouvera la redoutable concurrence des gondoles à vapeur. Admettons néanmoins qu'il obtienne 500,000 quintaux, c'est le *maximum;* on trouve pour 120,000 mètres à 15 cent., une recette de 180,000

Ainsi, le transport des marchandises de Marseille à Châlons produira un total de 6,180,000

Il faudroit donc que les produits du transport des voyageurs sur la ligne de Marseille à Châlons s'élevassent seuls à 13,320,000 fr. pour que le total des recettes pût compenser celui des dépenses, en s'élevant aussi à 19,500,000 fr. Ce résultat est extrêmement problématique, pour ne pas dire impossible.

-----

(1) Ce calcul est fait dans l'hypothèse d'un chemin de fer de deux voies. Que seroit-ce, si on le faisoit de quatre voies, comme le demandent les chambres de commerce, pour le cas où leur opposition n'auroit pas de succès contre le projet ?

Mais ce qui est certain, c'est que l'entreprise du chemin de fer ne pourra jamais se soutenir, si elle ne parvient pas à anéantir la navigation ascendante et descendante du Rhône.

Il n'est pas moins certain non plus que la compagnie qui oseroit se charger de cette périlleuse entreprise, seroit préparée et déterminée d'avance à faire une guerre à mort à la navigation parallèle au chemin de fer.

Toutes les protestations contraires ne sauroient être de bonne foi ; car, avant tout, il faut vivre, et l'entreprise ne pourroit vivre avec la concurrence de la navigation descendante du Rhône.

Aucuns sacrifices ne lui coûteront pour parvenir à ce but, qui la conduira ensuite au monopole, comme à la ruine de tous les intérêts rivaux.

Ses deux principaux adversaires pour la célérité, et surtout pour l'économie, seroient les bateaux à vapeur et le halage hydraulique.

Le chemin de fer anéantira facilement le premier, qui, à raison de l'énorme dépense de combustible, ne pourra pas lutter long-temps. Il suffira que l'entreprise nouvelle baisse ses prix de transport pour la descente des marchandises et des personnes, au-dessous des frais obligés du bateau à vapeur pour le même objet. Le résultat désastreux seroit ainsi facilement obtenu.

Le halage hydraulique, une fois établi, n'auroit rien de semblable à redouter, car jamais le chemin de fer ne pourra atteindre le même degré d'économie, ni même surpasser de beaucoup le degré de célérité de la navigation descendante du Rhône.

Mais, il faut bien l'avouer, le projet du chemin de fer de Châlons à Marseille est par lui seul un épouvantail et un obstacle à l'entreprise du halage hydraulique. Les bailleurs de fonds s'en effraient. Ils attendent avec anxiété les mesures que le Gouvernement voudra prendre pour mettre à couvert les intérêts généraux dans cette grande lutte. Il est donc essentiel de continuer ici l'examen du projet qui, nous ne craignons pas de le dire, seroit le fléau de dix départemens riverains du Rhône et de la Saône.

D'abord, l'ancienne route de terre seroit perdue sans réplique, car elle n'auroit aucun moyen de lutter, ni aucune compensation à offrir au commerce.

La navigation existante seroit non-seulement menacée, mais presque assurée de sa destruction.

Et la navigation par le halage hydraulique trouve, dans le seul projet du chemin de fer, une espèce d'interdiction ou de prohibition à son établissement.

Venons aux détails :

Tous les avantages résultant de l'application du mécanisme hydraulique aux communications du commerce intermédiaire entre Lyon et Marseille, aux améliorations de l'agriculture, aux progrès de l'industrie, seroient sacrifiés.

Un grand nombre de marins et une foule de classes laborieuses qui ne vivent que par la navigation seroient ruinés.

Ce projet amèneroit aussi des pertes considérables :

La perte de l'immense matériel, non-seulement de tous les chantiers de la marine du

fleuve, mais encore la perte de toutes sortes de véhicules et de tous les ateliers indus-
triels de la route de terre et de tous les ports ;

La perte de tous les bateaux à vapeur et bateaux ordinaires, et de toutes les mille
et une industries qui s'y rattachent ;

La perte ou dépréciation des propriétés dont les bois servent aux besoins de la navigation ;

La perte de tous les plus importans produits des emplacemens destinés à la desserte
des ports, des entrepôts, des ateliers, des magasins, des services de roulages et de tous
autres services corrélatifs de la navigation ou des transports ordinaires ;

La perte ou diminution énorme de la consommation de tous les produits affectés à la
marine et à tous ses auxiliaires ;

Toutes les pertes résultant des émigrations provoquées par la ruine de tant de
classes laborieuses, qui vivent de la navigation ou du passage des transports et des
voyageurs, désormais perdus pour tous les points intermédiaires entre Châlons et Marseille.

Voudroit-on espérer que la compagnie du chemin de fer, une fois maîtresse du monopole, consentiroit à renoncer, au moins en partie, aux bénéfices qu'elle en pourra
tirer ?

Ce serait peu connoître la nature de ces sortes de spéculations.

Et d'ailleurs, de longues années se passeront avant que les énormes capitaux en-
gloutis dans cette entreprise puissent retrouver leur niveau dans le produit des
recettes.

C'est même une grande question que celle de savoir si, avec les prix modérés sur
les données analogues, le chemin de fer de Châlons à Marseille couvrira jamais l'intérêt
de son capital de 130 millions, et ses autres dépenses annuelles.

Répétons-le donc : c'est par le monopole, par le monopole seul, qu'il pourra se
venger de l'énormité de ses frais et de ses sacrifices. Alors, quelle source perma-
nente d'augmentation de charges pour le commerce, de froissemens pour l'industrie,
et de mécompte pour les voyageurs ! Alors le Gouvernement lui-même n'auroit plus
le pouvoir d'intervenir pour atténuer par des mesures de haute administration les effets
désastreux de ce monopole. Les positions une fois prises et les droits une fois acquis
ne devroient pas recevoir d'atteinte, surtout de la part de l'autorité qui les auroit sanc-
tionnés d'avance par ses encouragemens.

Alors la voix des populations entières s'élèveroit en vain pour accuser la désastreuse
imprévoyance dont elles seroient victimes.

Alors il ne seroit pas possible de conserver aucune espérance de retour à l'équilibre rompu ; et comme jamais non plus aucun autre moyen que le halage hydraulique
ne pourra opérer les transports à 6 cent. deux tiers les 1000 kilog. par 1000 mètres,
le monopole régnera ainsi sans obstacle, et sans qu'il y ait moyen de se soustraire
à ses abus.

Il s'étendra jusqu'aux ateliers et aux spéculations qui pourront survivre au milieu
du naufrage de tant d'autres industries.

Ainsi, par exemple, sur une distance de 130 lieues, au moins, de Châlons à Marscille, il faudra quelques hôtels pour les voyageurs, des magasins et des entrepôts pour les marchandises, des ateliers pour le matériel de confection et d'entretien des chemins de fer. Mais c'est la compagnie exploitante qui seule aura le choix des localités, suivant les besoins de son service, ou les convenances particulières de ses administrateurs et de ses agens. Toutes les locations nécessaires aux personnes ou aux chargemens et déchargemens seroient donc à sa disposition exclusive, et accaparées pour son propre compte. Elle s'empareroit aussi des transports du commerce de transit, et de toutes les parties industrielles qui, sur cette ligne, auroient quelque rapport avec son exploitation; car qui veut la fin veut les moyens, et, encore une fois, le seul moyen de succès pour le chemin de fer, c'est le monopole avec toutes ses conséquences.

Il est donc indispensable, dans un intérêt de haute administration et de bien public, de modifier le projet de chemin de fer de Paris à Marseille, et c'est ce qui va faire l'objet d'un examen particulier.

MODIFICATION DU PROJET DE CHEMIN DE FER

DE PARIS A MARSEILLE.

Autant un chemin de fer de Paris à Marseille seroit désastreux pour les départemens méridionaux de son parcours, autant un chemin de fer qui, partant de Paris, s'arrêteroit à Châlons-sur-Saône, seroit favorable non-seulement aux départemens limitrophes, mais encore à toutes les voies de communication actuellement existantes entre le midi et le nord de la France.

Sur cette ligne de Paris à Châlons point de navigation parallèle, ni même de navigation naturelle; mais seulement des canaux pour des navigations transversales; ainsi point de lésion dans les droits acquis ni dans les intérêts circonvoisins, qui, au contraire, seroient les mouvemens vivifiés et fécondés par des spéculations nouvelles.

Au lieu d'une dépense de 200 millions de Paris à Marseille, 70 millions suffiroient de Paris à Châlons.

La combinaison de ce chemin de fer ainsi modifié, avec la navigation du Rhône améliorée par le nouveau système de halage hydraulique, augmenteroit considérablement les produits de sa propre exploitation.

L'extrême économie qui seroit introduite dans le prix des transports pour la remonte du Rhône (6 cent. deux tiers les 1000 kilog. par 1000 mètres) imprimeroit un grand mouvement à des masses considérables de marchandises et de produits territoriaux qui se dirigeront ainsi sur la capitale, mais qui ne prendroient certainement pas cette direction, si le halage hydraulique n'étoit pas mis en activité.

Avec cette combinaison, deux entreprises colossales dans leur but comme dans leurs moyens, au lieu de se nuire ou de se proscrire mutuellement, se donneroient la main, pour ainsi dire, et feroient autant d'honneur à la sagesse qui auroit présidé à la circonspection de leurs sphères respectives, que de bien aux intérêts publics et privés qui s'y rattachent.

Des sources nouvelles de prospérité résulteroient encore de cette espèce d'alliance et d'association.

Ainsi, par exemple, un embranchement du chemin de fer de Châlons-sur-Saône sur Besançon, pour communiquer au *canal du Rhône au Rhin*, pourroit être presque immédiatement entrepris. Cette communication seroit d'autant plus désirable et d'autant plus utile, que la Saône, qui s'unit par canal avec le Doubs, est à peine navigable pendant la moitié de l'année. La modification du chemin de fer réduisant de 120 millions le capital destiné à cette entreprise, une partie de cette énorme réserve recevroit ainsi une autre destination. L'affluence commerciale et industrielle que la navigation ascendante et accélérée du Rhône amèneroit sur Châlons, comme entrepôt naturel, assureroit en même temps l'activité de cette branche du chemin de fer, et un accroissement de produits sur la ligne principale comme sur tous ses affluens et sur toutes ses correspondances. Alors plus de désastres, plus de froissemens, plus de regrets nulle part; mais opportunité, harmonie et prospérité partout.

Pour assurer la parfaite correspondance du chemin de fer de Paris à Châlons avec la navigation accélérée du Rhône, il seroit facile d'améliorer aussi celle de la Saône, en faisant draguer certains passages de cette rivière, où, dans les grandes sécheresses, les bateaux à vapeur sont quelquefois arrêtés dans leur marche. Les droits de navigation sur la Saône sont plus que suffisans pour obtenir tous les résultats désirables, et triompher de tous les obstacles.

Enfin, c'est pour couronner le succès et le perfectionnement de toutes ces voies de communication que j'ai proposé l'établissement d'un service de transport accéléré, régulier et économique, de Marseille à Lyon, au moyen de quatre bateaux à vapeur, et par l'application de mon système de halage hydraulique pour la navigation ascendante et descendante du Rhône d'Arles et Lyon.

Exécution du projet de halage hydraulique,

OU ESSAI D'UNE PREMIÈRE PARTIE DU SERVICE.

Aussitôt que le projet de navigation sera approuvé, la compagnie commencera son exécution par l'établissement du premier service de Vienne à Lyon, qui, en moins d'une année, et avec une dépense de 800 mille francs seulement, pourra être en pleine activité.

Mais les opérations ne peuvent avoir lieu que sur une autorisation particulière du Gouvernement, en remplacement du chemin de fer projeté sur cette distance. C'est là une condition expresse des offres faites par les bailleurs de fonds pour ce premier établissement. Ils ne veulent pas s'exposer à soutenir une concurrence contre le chemin de fer, dont on ne peut pas même connoître le tarif, attendu que rien n'est décidé sous ce rapport.

Quoique ce projet de navigation soit purement industriel, il rentre néanmoins aujourd'hui dans le domaine des *travaux publics*, à raison de sa concurrence avec le projet de chemin de fer. Je crois donc devoir, en conséquence, le soumettre à la fois à MM. les Ministres de l'intérieur et du commerce, chacun en ce qui le concerne, et je les supplie de vouloir bien me donner la solution que je sollicite, sans le concours des *Chambres*, s'il est possible, afin de commencer les travaux relatifs à la première organisation du service.

Déjà plus de 100 mille francs sont dépensés en construction et en faux frais divers; un plus long retard compromettrait gravement les intérêts de l'entreprise naissante, qui se trouve arrêtée dans sa marche par la seule annonce du projet de chemin de fer.

Si, par des dispositions que je ne puis connoître, cette décision étoit du ressort des Chambres, je me réserve le droit de faire usage de cette pétition devant elles, pour provoquer une décision législative.

Les preuves que je présente étant légalement constatées par des commissions composées d'hommes de l'art et appartenant à l'administration publique, il ne seroit pas juste que le Gouvernement exigeât, à mes frais personnels, d'autres expériences de mon système hydraulique.

Les expériences déjà faites suffisent aux yeux des capitalistes pour justifier pleinement leur confiance. Les procès-verbaux authentiques produits à l'appui de ma pétition sont pour eux la meilleure garantie.

Si cependant le Gouvernement ne jugeoit pas ces preuves suffisantes pour m'accorder son approbation immédiate, dès ce moment je m'engage non-seulement à démontrer de rechef tous les avantages de mon système hydraulique par de nouvelles épreuves, mais à les dépasser encore par une marche ascendante beaucoup plus accélérée que celle résultant des procès-verbaux des premières expériences.

Mais il est alors de toute justice que ce soit aux frais du Gouvernement.

En RÉSUMÉ, sur les deux projets, des conditions sont nécessaires pour mériter le choix. Elles sont au nombre de cinq.

La première est d'avoir pour but et pour effet la prospérité du pays, et non pas seulement celle des deux points de départ et d'arrivée, mais d'ouvrir sur toute la ligne de communication une source de nouvelles industrie et de nombreux débouchés pour le commerce.

Le système hydraulique remplit complètement cette destination.

Au contraire, le chemin de fer est menaçant pour la plupart des contrées qu'il devroit parcourir.

La seconde condition est une mise en activité aussi prompte que possible.

Que le Gouvernement daigne en autoriser l'exécution pour remplacer le projet de chemin de fer, et dans un an le premier service sera en activité.

Au contraire, la confection du chemin de fer de Châlons à Marseille exigera pour le moins dix années de travaux et de délais, sauf encore tous les cas de force majeure sur lesquels une exacte prévision ne peut s'établir.

La *troisième condition*, et qui doit être la première dans l'exécution, c'est l'économie.

Le halage hydraulique présente son tarif; il ne sera pas même susceptible d'augmentation, et les prix sont fixés au taux que le commerce pouvoit désirer.

Au contraire, l'entreprise du chemin de fer, même sans tenir compte de l'absence de tout bénéfice pour ses actionnaires, seroit obligée d'exagérer les prix de transport pour atteindre l'équilibre entre les recettes et les dépenses.

La *quatrième condition*, celle de la célérité, est seule complètement remplie par le chemin de fer; mais elle ne l'emporte sur le système hydraulique, sous ce rapport, que pour une partie du service, celui de la remonte, et elle reste sur la même ligne pour le service de la descente.

Faut-il donc, pour ce seul avantage, dont la moitié appartient aussi à la navigation, sacrifier à la fois tant d'intérêts et d'existences, et tant de droits acquis ?

Remarquons d'ailleurs que la célérité ne concerne, à vrai dire, que les voyageurs dont l'intérêt n'est que bien secondaire dans cette grande question.

Au contraire, pour le transport des marchandises, l'économie doit toujours prévaloir sur la célérité. Le commerce compte moins la durée du voyage que les frais du transport; car, pour les offres des vendeurs, le succès ne s'obtient pas à la course, mais avec la modération des prix; et comme les ventes importantes se font plus par correspondance que sur place, il est manifeste que l'acheteur préférera toujours avoir *meilleur marché*, quelques jours plus tard, que de payer plus cher quelques jours plus tôt.

La concurrence, ce grand stimulant du commerce, ne pourroit pas même se soutenir de la part de ceux qui sacrifieroient l'économie à la célérité.

On peut donc hardiment poser en fait que l'augmentation des frais entraînera le décroissement des envois et expéditions, tandis, au contraire, que la diminution des prix de transport seroit le plus puissant encouragement des spéculations commerciales, et la garantie des plus heureux résultats.

Quant à la *cinquième condition*, celle de la régularité, il y auroit égalité entre les deux voies parallèles de communication.

C'est-à-dire qu'EN DERNIÈRE ANALYSE, les trois conditions les plus essentielles, savoir : 1° la prospérité, et spécialement celle des pays riverains et des pays correspondans ; 2° l'opportunité et l'actualité de la mise à exécution ; 3° l'économie sans laquelle il n'y a pas de commerce possible, ces trois conditions, disons-nous, ne peuvent être remplies que par le nouveau système hydraulique.

Dans cette question de droit public, une décision consciencieuse doit donc adopter ici les intérêts généraux, de préférence à une spéculation de monopole. D'une part, l'économie politique et tous les droits acquis se présentent en se donnant une force mutuelle; d'autre part, la perturbation et la ruine de tous sont amenées par quelques intérêts privés et exclusifs.

L'option n'est pas difficile, et le choix ne sauroit être douteux dans la conscience du Gouvernement.

Les hommes d'état appelés à prononcer ne consentiront jamais à subordonner aux intérêts d'une compagnie l'intérêt des populations entières; ils n'ont qu'à jeter les yeux sur les réclamations des dix départemens du Rhône et de la Saône! et dans leur prévoyante sollicitude, ils porteront encore leurs regards sur les contrées qui, sans avoir un intérêt aussi direct à la question de la navigation nouvelle du Rhône, doivent néanmoins y trouver un avenir de prospérité, par la correspondance de deux navigations dont l'admirable ensemble n'auroit alors rien de comparable. Non! il n'est pas possible que des avantages aussi positifs, aussi solides, aussi manifestes pour toute la France, soient mis à l'écart, pour livrer le sort de dix départemens à tous les dangers d'une innovation désastreuse et qui ne pourroit rien offrir en compensation à ses victimes.

Aucune raison légitime ne sauroit donc justifier la préférence qui seroit donnée au projet de chemin de fer sur le projet de halage hydraulique.

La confiance que le Gouvernement doit toujours inspirer, surtout dans les questions d'intérêt public qui le touchent directement, ne permet pas de penser que ni les ministres responsables, ni les chambres législatives, si elle sont consultées, autorisent jamais le chemin de fer de Châlons à Marseille.

Mais si le malheur veut que l'esprit de sagesse et de prévoyance n'ait pas tout l'empire qu'il devroit avoir dans la solution de cette question, il faut du moins s'attendre infailliblement aux précautions qui sont un devoir inviolable de la part de l'administration.

Or, une mesure nécessaire, indispensable, c'est de mettre obstacle à l'exercice et aux funestes effets du monopole; et le seul moyen d'y parvenir, c'est que le Gouvernement se charge d'exécuter, pour son propre compte, le projet du chemin de fer de Châlons à Marseille.

Et comme son devoir est encore de n'améliorer qu'en conservant les droits acquis, il est de sa justice comme de sa prudence, d'adopter en même temps, ou sous sa direction, ou en faveur d'une compagnie dont les statuts excluront les dangers du monopole, le projet de la nouvelle navigation du Rhône que je propose.

Cette compagnie ne craindra pas, comme celle du chemin de fer, de recevoir de justes limites à ses droits, car elle pourra subsister sans aucun abus, ce qui ne seroit jamais possible à sa rivale.

Tels sont les vœux de dix départemens; telle est l'opinion des diverses commissions consultées, et l'avis unanime des chambres de commerce appelées à voter sur cette grave question.

Comment le Gouvernement et les Chambres pourroient-ils donc se prononcer contre une pareille unanimité?

En ce qui me touche personnellement, je consens au mode d'exécution que le Gouvernement jugera le plus convenable aux intérêts généraux et privés de mon pays, et je m'engage à tous les travaux nécessaires à la mise en activité d'un système que je crois providentiel pour sa prospérité.

Si donc le Gouvernement s'en réserve lui-même l'exécution, naturellement, il acceptera toutes les dépenses faites jusqu'à ce jour pour l'entreprise, en accordant en outre à son auteur une indemnité proportionnée; et si, au contraire, il me le concède comme étant, de fait, ma légitime propriété, pour l'exécuter avec une compagnie, sous des conditions de surveillance, je suis prêt à démontrer de nouveau, ou par des épreuves itératives, ou par des explications dans le sein d'une commission *ad hoc*, tous les moyens et tous les résultats de ce système que j'ai exposé avec la loyauté d'un bon citoyen, et qui doit être accueilli avec bienveillance par la sagesse d'un Gouvernement éminemment éclairé, juste, et protecteur de l'industrie nationale.

SUPPLÉMENT.

Au moment où cette pétition terminée étoit mise sous presse, un heureux hasard a fait tomber sous ma main un ouvrage des plus profonds sur l'appréciation du système des chemins de fer en France. Il a pour titre : *Des Chemins de fer considérés comme spéculations financières*, par M. Surville, ingénieur des ponts-et-chaussées ; Paris, 1834. Cet habile ingénieur, l'un des plus distingués de l'administration, ne traite cette impor-tante matière que d'après des faits authentiques, faits dont il s'est assuré lui-même par un examen approfondi, et avec la plus grande impartialité.

J'ai beaucoup à regretter de ne pas avoir eu plus tôt connoissance de ce précieux travail, j'y aurois puisé une foule de documens qui auroient donné bien plus de poids à mes assertions relatives au projet de chemin de fer dont il est ici question. Cependant, quelle que soit l'infériorité de mes raisonnemens sur ce sujet, comparés à ceux de M. Surville, je me trouve encore heureux d'être parfaitement d'accord sur le principe avec un homme si profondément éclairé sur toutes les circonstances qui doivent concourir pour déterminer l'établissement des chemins de fer en France.

Relativement au projet de navigation que je viens de proposer, je puis être, au premier abord, considéré comme adversaire des chemins de fer ; et, je l'avoue, s'il s'agit de celui projeté de Châlons à Marseille, la fausse application du système me paroît funeste. Mais je veux citer ici quelques passages de l'excellent mémoire de M. Surville, et ils suffiront, je l'espère, pour justifier toutes mes prévisions sur cette grave question. Certes, M. Surville, comme ingénieur des ponts-et-chaussées, ne peut être suspecté d'opposition absolue à l'établissement des chemins de fer en France, lui surtout qui est dans ce moment à la tête d'une semblable entreprise.

Son but, dans cet ouvrage, est d'éclairer le Gouvernement, les Chambres législatives et les capitalistes, en un mot tous les intérêts généraux et privés, sur l'opportunité de ces nouvelles voies de communication parmi nous.

Les règles qu'il donne à cet égard ont pour base l'expérience, cette maîtresse souveraine du génie de l'homme, qui seule peut rectifier jusqu'à l'évidence toutes les erreurs de la théorie.

M. Surville a consulté celle de l'Angleterre, et il a pris pour exemple celui de ses nombreux chemins de fer qui y tient le premier rang.

M. Surville s'exprime ainsi, pages 9, 10 et 11 :

« La contrée qui s'étend de Manchester à Liverpool est unique dans le monde entier par l'étendue de son commerce et l'activité de son industrie.

» Elle possédoit déjà plusieurs canaux, qui suffisoient à peine au transport des 500,000 tonnes de marchandises diverses qui s'échangent annuellement entre ces deux villes, et du *million de* tonnes de houille qui s'y consomment chaque année.

» Cette insuffisance des canaux, et l'augmentation progressive des relations commerciales, donnèrent naissance à l'établissement d'un chemin de fer.

» On ne craignit pas d'attribuer d'avance à ce nouveau chemin la totalité des transports du pays, ce qui auroit entraîné la ruine des deux canaux en concurrence. Mais l'événement fut loin de répondre à cette prédiction; car les marchandises continuèrent à suivre la direction des canaux, bien que leurs tarifs fussent à peu près équivalens à celui du chemin de fer, et laissassent par conséquent à ce dernier tout l'avantage de son énorme rapidité.

» Il est notoire, en effet, que le chemin de fer ne reçoit pas aujourd'hui plus de 200,000 tonnes de marchandises, dont 50,000 tonnes de houille provenant des mines de Huyton et autres, qui n'ont de débouché que par le chemin de fer; 150,000 tonnes formées de bestiaux et autres marchandises qui ne suivoient pas précédemment les voies navigables, car, malgré l'établissement du chemin de fer, les actions de ces canaux n'ont subi que des variations de prix qui se compensent.

» D'un autre côté, toutes les entreprises de roulage et toutes les voitures publiques ont été renversées par la concurrence de ce nouveau chemin; et son influence a même élevé à 1,070 par jour le nombre des voyageurs qui n'étoit que de quatre à cinq cents avant sa construction. Il est donc fort heureux que ce prodigieux accroissement de voyageurs, sur lequel on n'avoit nullement compté d'abord, soit venu compenser le déficit des marchandises que l'on espéroit enlever aux canaux. De là vient que l'exploitation du chemin de fer présente un dividende annuel de 8 à 9 pour cent, tout en laissant aux canaux en concurrence celui d'environ 20 et 40 pour cent, qu'ils offroient précédemment.

» Ainsi le chemin de fer a recueilli tous les voyageurs; il a doublé leur nombre primitif; il a reçu toutes les marchandises précieuses, et les produits de quelques exploitations agricoles, dont il est le seul débouché.

» Mais cette grande vitesse, qui constitue la supériorité incontestable des chemins de fer, on ne l'obtient qu'avec d'énormes frais en combustible et en matériel; aussi ne l'applique-t-on ordinairement qu'au transport des voyageurs; car le faible tarif dont les marchandises sont susceptibles ne permettroit pas de tels sacrifices. De là vient que, pour ces dernières, on réduit la vitesse à trois ou quatre lieues à l'heure, quand il est permis d'opérer ce ralentissement sans nuire à la marche des voyageurs. »

Après d'autres développemens, M. Surville continue en ces termes :

« De l'ensemble de cette discussion il résulte que les canaux et les chemins de fer ont des spécialités de commerce et de position nettement tranchées; et que, dans le choix de l'un de ces deux modes de transport, il est de la plus haute importance, tant pour l'utilité publique que pour les compagnies concessionnaires, de consulter la topographie des localités, ainsi que la nature et l'importance de leurs relations commerciales.

» Que si ces localités renferment principalement des industries manufacturières, dont les produits délicats, et d'un prix élevé, exigent un transport rapide, entretiennent déjà un roulage actif, et demandent une surveillance qui entraîne un déplacement considérable d'individus; alors, sans aucun doute, c'est un chemin de fer qu'il convient d'établir.

» Que si, au contraire, le pays s'occupe davantage d'exploitations agricoles; que s'il exporte en majeure partie des matières premières et des produits de peu de valeur, c'est un canal qu'il faut préférer.

» **A** l'appui de ces conclusions, montrons les succès si différens qu'ont obtenus les chemins de fer d'Angleterre.

» En première ligne se présente celui de *Manchester à Liverpool*, dont les revenus s'élèvent de 8 à 9 pour cent par an, et qui doit sa prospérité, non pas au transport des marchandises, lesquelles ont continué de suivre la voie des anciens canaux, mais bien à celui d'une immense quantité de voyageurs, que l'on n'avoit pas soupçonnée dans l'origine. Vient ensuite le chemin de fer de *Stocton à Darlington*, qui produit de 7 à 8 pour cent par an; mais il est favorisé par une circonstance toute locale, c'est que la majeure partie de ses transports s'opérant sur une direction descendante, les frais de traction y sont presque nuls. Cinq autres chemins; ceux de *Warring and Newton*, de *Leycester and Swanington*, de *Clarence*, de *Kenion and Leigh*, et de *Bulton and Leigh*, produisent un intérêt annuel de 5 ou 6 pour cent; et encore ne doivent-ils ce succès modéré qu'à leur situation particulière, comme de former la jonction de deux voies navigables, etc. Quant aux autres chemins de fer d'Angleterre, ceux du moins qui, appartenant à des compagnies financières, sont portés dans les *Prices of Shares* de Londres, ils sont tous *en perte;* tels sont ceux de *Cheltenham, Severn and Wye*, de *Forest of Dean*, de *Peack Forest*, dont les actions sont tombées respectivement de 100 liv. à 78 liv., de 35 liv. à 19 liv., de 50 liv. à 19 liv., de 100 liv. à 20 liv.; et ceux de *Surrey*, de *Montmouth*, *Saint-Helen's*, *Croydon*, *Canterbury*, etc., dont les actions sont encore plus dépréciées, puisqu'elles ne sont pas même cotées à la bourse de Londres.

» Tels sont les résultats financiers fournis jusqu'à ce jour par les chemins de fer d'Angleterre, dans un pays si éminemment favorable à ce genre d'entreprise, par le bas prix auquel y reviennent le fer et la houille. Il semb'erait donc que l'on dût renoncer à établir de nouveaux chemins de fer, surtout en France, si l'on ne se rappelait que le peu de succès qu'ils obtiennent en Angleterre tient moins à leur nature qu'à la fausse destination qu'ils y ont généralement reçue.

» C'est ce que les Anglais reconnoissent eux-mêmes aujourd'hui. Aussi ne s'en livrent-ils pas moins à de nouvelles constructions de chemins de fer; seulement ils ont soin de les établir dans des directions telles, que le *transport des voyageurs y soit l'objet principal, et celui des marchandises l'objet accessoire.* »

M. Surville récapitule ensuite les dépenses comme il suit :

« **Frais d'exploitation du chemin de fer de Manchester a Liverpool.**

» Ce chemin a 30 milles anglais, ou 48 kilomètres de développement.

» Les dépenses de premier établissement s'y sont élevées à 20,000,000 de francs, c'est-à-dire à 416,000 francs par kilomètre. Il est vrai de dire que les accidens du terrain, et les conditions auxquelles on s'est assujetti pour faciliter la circulation de ce chemin, y ont fait excéder de beaucoup la moyenne des prix de construction des autres chemins de fer d'Angleterre. Aussi tiendrons-nous compte de cette circonstance dans nos estimations.

» Le mouvement commercial de ce chemin de fer, pendant le 2e semestre de 1832, s'est composé : 1° *en marchandises*, de 72,601 tonnes de matières diverses, et de 29,446 tonnes de charbon; ce qui ne représente que 80,000 tonnes, en transports complets, d'un bout à l'autre de la ligne; 2° *en voyageurs*, de 174,122 passages complets.

» Ce mouvement commercial a donné lieu à 5,118 voyages complets de machines locomotives, savoir : 2,482 pour le transport des marchandises, et 2,636 pour celui des voyageurs.

» Pendant le même semestre, les recettes se sont élevées à 1,905,023 fr., savoir : 883,883 fr.
pour le transport des marchandises, et 1,021,140 francs pour celui des voyageurs.

» Quant aux dépenses de l'exploitation de l'entreprise, elles se sont élevées à 1,218,154 65. »

Il résulte des observations qui précèdent :

1° Que la compagnie qui entreprendroit l'exécution du chemin de fer de Châlons à
Marseille risqueroit en pure perte d'énormes capitaux, même dans le cas où elle réussi-
roit à renverser la concurrence de la navigation du Rhône ;

2° Que sa ruine sera plus complète encore, si des capitalistes éclairés par d'exactes
notions sur les deux projets, consacrent leurs fonds à l'entreprise du halage hydraulique,
en obtenant l'autorisation du Gouvernement, dont la justice ne sauroit s'y refuser.

Ce seroit donc une grande imprudence de la part des auteurs de ce projet de chemin
de fer que d'y persister davantage, et ce seroit une faute grave en économie politique de
la part de l'autorité, que d'en faire ainsi la concession en pleine connoissance de cause.

Les exemples indiqués par M. Surville nécessitent encore une rectification défavorable
aux produits du chemin de fer, tels qu'ils sont évalués dans le tableau des recettes, p. 21.

En effet, la masse des transports en marchandises qui s'opère tant par eau que par
terre sur cette ligne est à peine de 140,000 tonnes de Marseille à Lyon, et certes le
chemin de fer est plutôt destiné à faire décroître cette masse qu'à l'augmenter; car on
reconnoîtra d'abord que le chemin de fer de Marseille à Châlons ne peut avoir aucune
spécialité de transport comme celui de Manchester à Liverpool. Or, en considérant la nature des marchandises indiquées dans le tableau des recettes pour le halage hydraulique,
on pourra se convaincre facilement que le chemin de fer enlèveroit tout au plus 70,000
tonnes de marchandises sur la masse actuelle des transports qui s'opèrent, par eau et
par terre, de Marseille à Lyon.

En prenant donc pour exemple le chemin de fer de Manchester à Liverpool, et les
circonstances qui constituent son importance commerciale, comparée à celle dont la
ligne de Marseille à Lyon est susceptible, on reconnoîtra qu'en allouant 70,000 tonnes de
marchandises au chemin de fer projeté, et six cents voyages complets par jour, c'est
porter les prévisions à un maximum qu'il n'atteindroit jamais, même sur la direction de
Marseille à Lyon; et il seroit encore beaucoup trop problématique de lui supposer, de
Lyon à Marseille, une recette d'un million pour transport de marchandises et de personnes.

En conséquence, voici quelles seroient les recettes annuelles de cette entreprise de
chemin de fer au taux le plus élevé possible :

Sur une distance de 400,000 mètres,
70,000 tonnes à 15 cent. les 1000 mètres produisent. . . . . 4,200,000 fr.
600 voyages de personnes à 7 cent. et demi par 1000 mètres par voya-
gcur, 30 fr. calculé par 600, donnent 18,000 fr. par jour, et pour
360 jours pleins offrent une recette de 6,480,000

A reporter. . , ... 10,680,000

Report. 10,680,000 fr.

Nous supposons, pour la direction de Lyon à Marseille, un produit de transport, tant en marchandises qu'en personnes qui pourroient craindre la navigation, et montant à   1,000,000

Nous supposons encore une recette de Lyon à Châlons-sur-Saône pour 55,000 tonnes de marchandises. — Sur une distance de 120 mille mètres, à 15 centimes, ce seroit.   144,000

On auroit pour total général des recettes les plus problématiques. . .   11,824,000 fr.

Pour faire face à une dépense certaine de.   19,500,000

y compris les intérêts des 5 pour cent du capital.

Il n'est donc plus permis de se méprendre aujourd'hui sur les dépenses annuelles d'un chemin de fer; il ne s'agit que de consulter avec attention ceux existant en France et en Angleterre; et, sauf la différence du prix de la houille suivant les localités, il est facile d'approcher de bien près la vérité. Or, pour l'entreprise dont il s'agit, comment couvriroit-on une énorme dépense avec une si foible recette?

Penseroit-on à lui accorder un tarif plus élevé? Il seroit alors en concurrence avec les diligences et le roulage, qui se contenteront du premier; car, si l'on vérifie le mouvement du transport de marchandises sur les chemins de fer en Angleterre, on reconnoîtra par l'expérience que le commerce et l'industrie donnent toujours la préférence à l'économie, surtout pour les matières premières et encombrantes; et l'on sait déjà que les cinq sixièmes des marchandises qui circulent sur la ligne de Marseille à Châlons-sur-Saône, consistent en matières brutes et en produits agricoles qui ne permettent pas une grande élévation dans les prix de transport.

Qu'on se désabuse donc une fois pour toutes sur l'influence extraordinaire qu'on suppose à la grande célérité des chemins de fer pour le développement du commerce, de l'industrie, et surtout pour l'agriculture, quand ces moyens de transport n'ont pas l'économie pour base fondamentale.

Les chemins de fer sont encore d'une grande utilité pour ouvrir des communications entre les voies navigables et les grandes villes commerçantes et industrielles qui renferment de nombreuses populations.

Mais, encore une fois, ils n'offrent que des dangers quand leur existence est incompatible avec la prospérité d'une navigation parallèle.

Toute discussion est désormais inutile.

Mais voudroit-on argumenter contre ma pétition de la clarté même de mes démonstrations, en disant que mon projet n'a plus à craindre aucune opposition, et qu'il n'est pas nécessaire non plus que le Gouvernement se prononce contre celui du chemin de fer de Châlons à Marseille? Cette objection seroit raisonnable si les capitalistes étoient pénétrés, comme je le suis avec tant d'autres, de la grande supériorité de mon système sur celui du chemin de fer en question; mais il n'en est ainsi : la célérité effraie tous ceux qui ne savent pas l'apprécier à sa juste valeur. J'invoquerai encore, sur ce point, l'opinion motivée de M. Surville.

(35)

Voici ce qu'il dit textuellement sur les devoirs de l'autorité publique en pareille occur-
rence :

« Une seconde mesure, propre à favoriser l'établissement de ces entreprises, seroit que la concession en fût accordée de droit, et *sans concours*, à ceux qui, avec l'autorisation du gouvernement, en auroient fait les études préliminaires, et qui ne craindroient plus ainsi de perdre le
fruit de leurs conceptions et de leurs travaux, par le hasard aveugle des *adjudications*.

» Il faudroit de plus que ces concessions fussent accordées à *perpétuité*; principe que l'administration a reconnu dans plusieurs circonstances, qu'elle a même soutenu devant les Chambres
législatives, mais que celles-ci sont encore loin d'admettre comme règle générale.

» Ce n'est pas tout, nous pensons encore que les compagnies concessionnaires devroient pos-
séder *un privilége* exclusif de toute entreprise rivale, et recevoir de l'Etat la garantie d'un
minimum d'intérêt de dépenses de premier établissement. Donnons quelques développemens
sur ces deux dernières dispositions.

» Et d'abord, quant au *privilége*, nous croyons cette mesure indispensable dans l'Etat de dis-
crédit où sont tombées les sociétés par actions; car il seroit aujourd'hui bien difficile de former
une compagnie financière pour l'exécution d'un grand projet, rien ne la prémunissant contre
le danger d'une rivalité ruineuse.

» Bien qu'en réalité les canaux et les chemins de fer possèdent des spécialités distinctes, et
n'aient pas plus à redouter leur concurrence mutuelle que celle des routes ordinaires; néanmoins, aussi long-temps que cette vérité ne sera pas répandue dans tous les esprits, la simulta-
néité d'un projet de canal avec un projet de chemin de fer, dans une même localité, sera toujours
un objet d'effroi pour les spéculateurs, et empéchera la formation de toute compagnie financière pour l'un ou l'autre de ces deux projets.

» Aujourd'hui, parlez-vous de l'établissement d'un chemin en fer, on s'inquiète si un canal ne
seroit pas préférable. Proposez-vous un canal, on vous écarte par la possibilité d'un chemin de
fer ayant la même direction. Qu'arrive-t-il de là? C'est que pendant toutes ces craintes, toutes
ces incertitudes, l'industrie continue à souffrir, la circulation à s'entraver. Alors le commerce,
fatigué de ces débats stériles, prend souvent une direction étrangère; la rivalité de deux projets opposés déshérite ainsi le pays de toute nouvelle voie de communication, et lui fait trouver
sa ruine, là où il devoit fonder sa prospérité.

» L'intérêt général se trouveroit donc ici gravement compromis par le principe de *la libre concurrence*. Aussi l'administration, loin d'entretenir cette lutte déplorable par un *laissez-faire*,
qui s'accommoderoit mieux sans doute avec son impartialité, devroit, au contraire, s'inter-
poser avec énergie entre les prétentions rivales, et prononcer l'exclusion ou l'ajournement de
celui des deux projets, que des enquêtes consciencieuses auroient signalé comme le moins convenable aux besoins immédiats du pays. »

Il me semble que toutes ces observations du savant ingénieur sont applicables à mon
projet, et que j'aurois droit aux priviléges et subventions accordés en faveur des grandes
entreprises d'utilité publique ; cependant, comme le projet que j'ai l'honneur de proposer présente assez d'avantages à la compagnie qui se chargera de son exécution, je me
bornerai à demander à l'administration les garanties indispensables pour faciliter l'établissement et assurer la propriété de mon système.

Déjà personnellement en jouissance d'un privilége de quinze ans, en vertu de mon brevet de perfectionnement, je prie aujourd'hui le Gouvernement de m'accorder que ce même privilége soit fixé à trente années, et qu'il ne commence à courir que du jour où mon projet sera adopté tant pour le Rhône que pour la Garonne.

Je demande cette prolongation, afin de rassurer les capitalistes contre la crainte de voir s'établir une compagnie du même genre lors de l'expiration de mon brevet, et pour les encourager à prendre part à une entreprise qui se trouve si bien en harmonie avec les vues du Gouvernement et avec les intérêts généraux et privés de tous les départemens riverains du Rhône, de la Saône et de la Garonne.

Mais je dois encore espérer un autre acte de justice de la part de l'administration.

Dans les premières années d'activité de semblables établissemens, il existe toujours quelques mécomptes imprévus. Je la supplierai donc d'accorder à ces deux entreprises d'utilité publique, à titre de subvention, l'exemption, pendant quatre ans, des droits de navigation sur le Rhône et sur la Garonne, et de décider qu'à l'expiration de ce privilége, les droits de navigation seront payés sur la quantité des marchandises seulement, et non sur le nombre des bateaux.

En effet, les bateaux du service accéléré devant marcher régulièrement tous les jours, quelle que soit leur charge au départ, on comprend que la perception des droits par bateaux rendroit ce service impraticable, et que, par suite, le commerce et l'industrie perdroient l'un des avantages les plus nécessaires à leur développement.

Tout en accordant à ces deux entreprises de halage hydraulique sur le Rhône et la Garonne, la prolongation de privilége, et l'exemption, pendant quatre ans, des droits de navigation, que je sollicite, le Gouvernement trouvera dans l'exécution de mon projet une large compensation par les résultats suivans :

Sur les deux rives du Rhône et de la Garonne plus de 8,ooo hectares de terrains précieux sont spécialement consacrés aux chemins de halage parcourus par les chevaux ; les équipages étant supprimés, toute cette quantité de terrain pourra être rendue à l'agriculture ou employée à toute autre destination profitable au Gouvernement, à l'exception seulement d'un sentier d'un mètre de largeur pour le passage à pied sur les deux rives.

Après avoir ainsi balancé les deux projets, je laisse à la sagesse de la haute administration, ou aux Chambres législatives, s'il est nécessaire, à décider lequel des deux mérite la préférence.

Confiant dans la bienveillante sollicitude que le Gouvernement ne cesse de déployer en faveur de la prospérité nationale, je dois espérer que mon projet sera favorablement accueilli.

PARIS, IMPRIMERIE DE DECOURCHANT, RUE D'ERFURTH, N° 1,
Près de l'Abbaye Saint-Germain-des-Prés.

PLAN THOPOGRAPHIQUE DU RHÔNE & DE LA GARONNE.

Indiquant par une Etoile les différens points de correspondances de chacune des deux entreprises de Halages Hydra-
liques du Rhône et de la Garonne de Bouc à Lyon et de Bordeaux à Toulouse.

Détail de la figure de navigation des Halages Hydrauliques.	PLAN DE LA GARONNE.	Désignation des distances de Correspondance lieues de 4000 Mètres		PLAN DU RHÔNE.	Désignation des distances de Correspondance lieues de 4000 Mètres	
		partielles	Cotal		partielles	Total
	O C É A N			LYON.		

PLAN TOPOGRAPHIQUE DU RHÔNE & DE LA GARONNE.

Indiquant par une Échelle les différents points de correspondances de chacune des deux entreprises de Bateaux Hydrauliques du Rhône et de la Garonne de Beaucaire à Lyon et de Bordeaux à Toulouse.

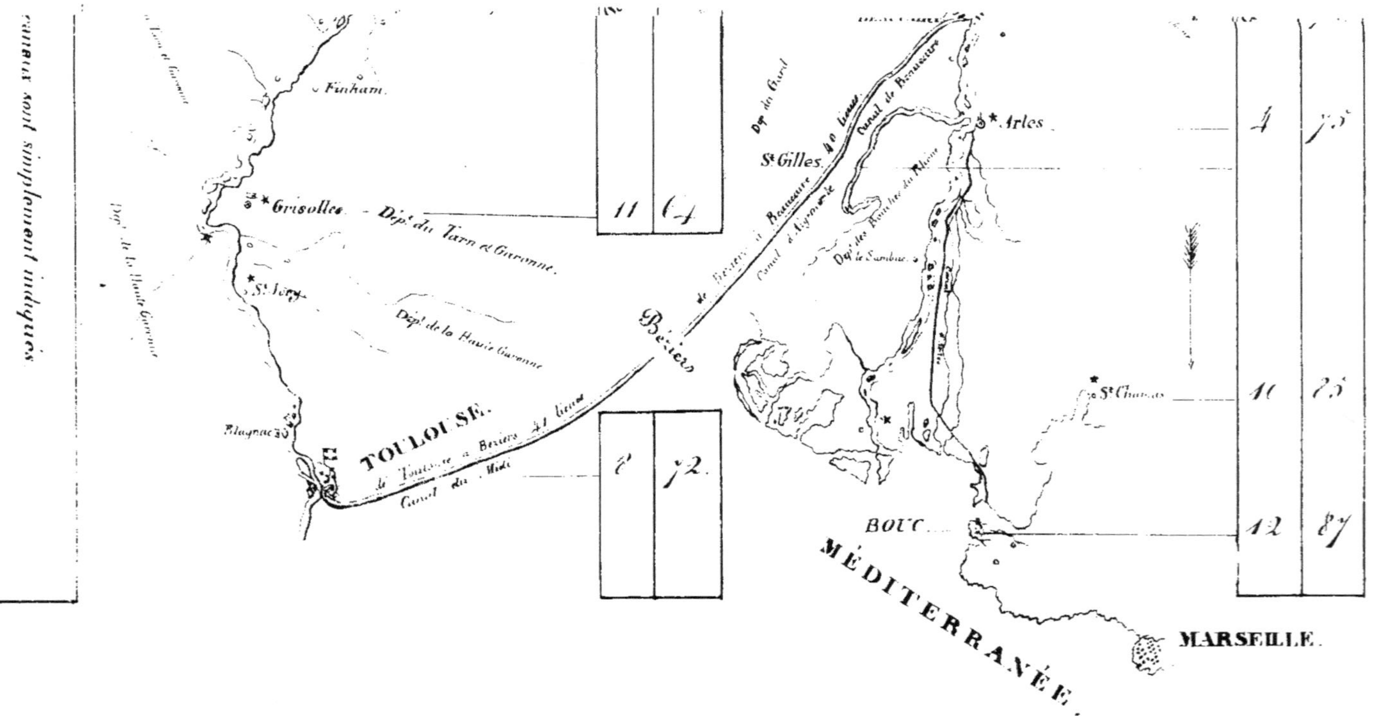

MARSEILLE.
MÉDITERRANÉE.
BOUC
TOULOUSE.
Béziers
St Gilles.
Arles
St Chamas
Grisolles
St Jory
Blagnac
Finham
Dépt du Tarn et Garonne.
Dépt de la Haute Garonne
Dépt de la Haute Garonne
Dépt du Gard
Canal de Beaucaire
Canal d'Aigues
Dépt des Bouches du Rhône
Canal du Midi
de Toulouse à Béziers 41 lieues
de Béziers à Beaucaire
St Gilles 40 lieues
canaux sont simplement indiqués
4 3
11 25
12 87
11 64
8 72